U0366496

两 性

女 性 学 论 集

[法] 安托瓦内特·福克 著

黄荭 译

Il y a deux sexes
Essais de féminologie

Antoinette Fouque

华东师范大学出版社

本书的翻译工作得到安托瓦内特·福克所创立的女性出版社的全力支持和帮助。

致文森特

安托瓦内特·福克(1936—2014),精神分析学家,"妇女解放运动"(M.L.F.,1968)的发起人之一,同时也是女性出版社(Édition des Femmes)的创办者。作为政治学博士,她发表了多部关于当代思想的重要著作,其中包括《两性——女性学论集I》(*Il y a deux sexes-féminologie I*,1995年初版、2004年再版),这些著作将性别差异理论化,对生育问题提出了前所未有的研究视角。她为法国知识界做出的贡献是多方面的,在精神分析领域,提出女性是什么并指出了"子宫性欲"(libido utérine)的存在;在政治学领域,创建了"精神分析和政治"(Psychanalyse et Politique)思想研究团队,并提出"质的均等"(Parité qualitative)。就像1994—1999年期间任欧洲议会议员时一样,在联合国大会上,她也大力推动女性权利的发展。她站在世界上备受威胁的那群人的一边,不管她们是籍籍无名之辈还是像塔斯利马·纳斯琳①或昂山素季这样的标杆人物,就像在她所引领的众多文化领域一样,她充分肯定女性对人类文明作出的不可估量的贡献。

---

① 塔斯利马·纳斯琳(Taslima Nasreen, 1962—),孟加拉女诗人,受宗教压迫的女性代言人,因受到死亡威胁不得不流亡在外。——译注

安托瓦内特·福克十分了解和热爱中国。她在世时曾多次拜访中国,非常期待通过出版自己作品的中译本与中国的女性做进一步交流。

本书是她首部被译介到中国的作品。对此,我们要特别感谢何宇红女士,是她意识到将安托瓦内特·福克的思想介绍给中国女性是如此重要,是她以无私的精神和不懈的努力使这部作品得以出版;我们要感谢华东师范大学出版社同仁们对本书出版所做的工作;我们还要特别感谢著名翻译家黄荭女士,是她出色的翻译准确地传达了安托瓦内特·福克思想的精髓。

西尔维娜·布瓦索那和伊丽莎白·尼可利

(Sylvina Boissonnas et Elisabeth Nicoli)

"妇女解放运动·精神分析和政治"思想研究团队

2018 年 12 月,巴黎

目　录

1

致　谢

衷心感谢亲爱的玛丽-克洛德·格伦巴赫(Marie-Claude Grumbach),没有她,就没有今天这本书的出版;

感谢雅克琳娜·萨格(Jacaueline Sag)的严格要求、耐心和关爱;

感谢弗洛朗丝·普吕多姆(Florence Prudhomme)长期以来的陪伴;

感谢妇女运动的朋友们,和她们在一起,每一天都是新生;

感谢伊莎贝尔·于佩尔(Isabelle Huppert)期待与我见面,并同意我刊发我们的对谈;

感谢热娜维耶芙·勒克莱尔(Geneviève Leclaire)给我机会致敬塞尔日·勒克莱尔(Serge Leclaire);

感谢弗朗索瓦兹·杜克洛克(Françoise Ducrocq)同意我重新刊发我应她之邀为《解读欧洲》(*Traduire l'Europe*)所写的文章;

感谢埃米尔·马莱(Emile Malet)一直邀请我为《过渡》(*Passages*)杂志撰稿;

感谢马塞尔·格歇(Marcel Gauchet)跟我在《争鸣》(*Le Débat*)杂志上对话;

感谢皮埃尔·诺拉(Pierre Nora)把我的作品收入他主编的丛书。

第一版序

人生而有两性。假如历史不希望背离它的理想，那它此后就应该把两性共存的事实作为继自由、平等、博爱之后的第四大原则。知识界、社会、政治对这一事实的认可会给民主进程带来什么呢？如何去思考并践行以均等为原则的公民权呢？

人生而有两性。生命的产生需要三方来完成：一阳(un)加一阴(une)孕育出新的一阳或一阴。然而这个三者缺一不可的事实一直以来却被"三位一体"的观念所遮蔽：三者合而为一。如何打破"一(momos)"的怪圈：一神论、一君制、一性论，还有各种对普世性的预设？

在这里，人们将找到一本思想有前瞻性且别具一格的文集。我把这个刚刚对男性的科学开放的新的认识论领域称作女性学①（*féminologie*），它预示了二者相辅相成的关系。女性学致力于了解不被我们关注、属于无意识和被排斥的知识。女性学扎根在妊娠和生育的领域：认知的谱系和谱系的认知。重新认识自然和人文科学，女性学将从女学②（*gynéconomie*）过渡到伦理学。

一直以来，我都努力以行动女性的方式去思考并以思想女性的方式去行动，为了阐释 25 年前就开始研究的心理政治学，我选择出版在两个具有象征意义的日期——1989 年的 3 月 8 号和 1995 年的 3 月 8 号——期间写的一组文章。

---

① 参见"运动中的女性：昨天，今天，明天"。

② 参见"我们的运动是不可逆的"。译者补注：女性学（féminologie）和女学（gynéconomie）都是福克创的新词，指的是和生育紧密相关的认知和由此延伸到各个领域的科学。女性这一特有的生育能力不仅仅只是给予生命、让人类的血脉得以延续，生育这一无条件付出和接纳他者的生理和心理构建对思考人类共同体的起源和未来的发展都有非常重要的借鉴意义。

第二版序

致玛丽-克洛德

距离这本文集出版差不多有十年了。第一篇文章可追溯至 1989 年，已经见证了一项 20 多年的理论和实践工作，它在"女性解放运动"组织与"精神分析和政治"研究团队的会议、游行示威、创作和生产活动中得到广泛传播。这是一种逃离的路径，这种思想——女性的生殖力/才华①（*géni [t] alité*）——在我身上，很可能在我出生前就已经在我身上，它不断地重复、分化、蒸发、集中、分散、偏移、超越……这一潜在的思想，至少有两次我意识到了它的显现。首先，是一次个人

① 参见"运动中的女性：昨天，今天，明天"。

私密的经历,1964年,女儿的诞生让我完全发现、创立了这一思想。然后,是一次集体公开的经历使它变得清晰具体、变得可以建构思想体系:1968年10月,我和几个朋友,莫尼卡·威蒂格①和乔西安娜·夏奈尔(Josiane Chanel)创立了"妇女解放运动",这个组织是在一批"五月风暴"的旗手和60年代思想家的影响下应运而生的;有时我们跟他们对着干,更多时候是对他们置之不理,超越他们②。

这次再版至少有两点值得引起注意:首先,尽管第一版的印数不多,但既然书脱销了,那就意味着它找到了读者。不过,这也是第二点值得引起注意的,作品的内容——妇女的不幸与抗争,并没有过时,相反,不幸的是,比以往任何时候都更迫切。35年来,我没有一天不想着要和几百万女同胞一起去抵抗、去理解、去前进。毋庸置疑,近30多年所取得的进步与历史上两千年的相比,更具有决定性的意义,但现版本中于1997年至2002年间新写的四篇文章,证实了消极负面的现状仍令人痛心疾首。在世界各地,有很多妇女是单向暴力的受害者,这种情况依然存在且愈演愈烈,这种暴力是男性统治

---

① 莫妮卡·威蒂格(Monique Wittig, 1935—2003),法国女权理论家和作家,是女同性恋女性主义的代表人物。——译注

② Serge Leclaire, *Rompre les charmes*, Paris, Interéditions, 1981, pp. 233—234.(塞尔日·勒克莱尔,《打破魅力》)

在各方面的体现：私人的、公共的、经济的、社会的、文化的、宗教的、政治的、象征的、现实的和想象的……就仿佛是，随着女性解放势头日趋显现，一种反对妇女解放的男权势力在约束、放逐、囚禁、压迫她们。每天，妇女都在用勇气和毅力对抗这一不是由生理构造所强加给自身的命运，而是由传统所规约、由文明和历史所建构的女性的命运。

今年，2004 年，我们在法国和世界范围内庆祝国家女权主义和保障妇女权益的规章制度确立 30 周年。

1974 年，在长达六年各阶层女性的参与、"妇女解放运动"组织的激进行动和它推陈出新女权思想之后，首个妇女状况国务秘书处（secrétariat d'Etat à la Condition féminine）成立了。"妇女解放运动"推崇的街头示威、抗争文化、强烈诉求、乌托邦和自我变革①（révolution de soi[e]），都让出于现实原则的顺从，有时是非常艰难地，变成了出于享乐原则的对理想和梦想的不懈追求；民主时代到来了，一些开明组织（就像人们所说的一些非政府组织）和民主改革应运而生。30 年来，这些民主改革先后废除了至高无上的父权，通过了夫妻双方

---

① 跟瓦茨拉夫·哈维尔（Vaclav Havel）过去称之为所谓的"天鹅绒革命"（révolution de velours）类似，他的愿望就是用爱与和平代替仇恨和战争。

同意才能离婚,倡导职场、婚姻制度和父母权威中的男女平等,制订了强奸和性侵的相关法律。法律的首要使命可能不是惩罚人,而是让他们意识到问题所在。它标明界限,提出禁令,不管在司法领域还是象征领域都力求公平公正。一项反对奴役的法律捍卫了生活与思考的自由,一项反对不公的法律捍卫了行动的自由。法律,就是和解与谈判所体现出来的非暴力,而非好战的对立。投身运动的妇女富有政治天赋、心理成熟,远非投身恐怖主义之徒,她们呼唤法治国家,并且积极投身民主的普及运动中。将直到那时还被视为非法的诉求转变为公民的三大权利:自愿流产(I.V.G.)、男女均等和世俗化。

承认节育和自愿流产合法,让人类有史以来第一次掌控了生育力。与奴性的生育不同,自愿流产确保(不)生孩子的权利,因此,对于每位妇女来说,可以自由地去思考怀孕这一经历。我所指的女性的生殖力/才华与蒙昧主义、生育的"奇迹"或黑暗的大陆的"隐秘"无关。在意识形态之外,不是没有想象,新的认知场形成了,这是研究妇女才华①的场所,由此形成了启蒙时期的产科、弗洛伊德的无意识、怀孕对身心的孕育:就像社会学照亮了社会主义一样,女性学也会照亮女性

----

① 参见"人生而有两性"。

8

主义。

从今往后，几乎无一例外，在民主国家，女性可以借助法律和技术手段来决定是否想要创造新生命；*Child free*，她完全有权决定是否要孩子，她肯定了自身的独立。多亏这一公共健康部门的重要措施——自愿流产的法律，妇女能自由支配自己的身体、性和欲望。有史以来第一次，我们刚刚用前所未有的力量打破了压抑女性的潜意识，甚至超越了弗洛伊德的无意识。

为了结束女性在法国这样一个推崇普世（男性）价值①(uni[sex]versaliste)的共和国中被忽视的陋习，争取男女平权成为全欧洲的诉求，为此而作的斗争最终促成了宪法的修改。这一斗争是与此起彼伏的各种人权组织的创立和积极奔走，与全国范围的媒体论战，尤其是与总理利昂内尔·若斯潘(Lionel Jospin)力求消除性别歧视、革新被抽象的平等主义(égalitarisme)所僵化的共和国的政治意愿是分不开的。从此，根据宪法第三条条款规定："男女享有平等的选举与被选举权。"1999 年 7 月 28 日法国议会投票通过了该法案。但是

---

① uni(sex)versaliste 是作者造的新词，把普遍、普世(universaliste)和性别(sex)合二为一，而这里影射的一种性别就是男性。——译注

选择"平等(l'égalité)"一词还是沿袭了旧的秩序,用抽象的"一·众"(l'Un-tout)的逻辑涵盖了两性的概念——女性因其生理劣势被抹杀了,同样,阴阳交合生生不息的分工合作也被抹杀了。这种对平等的理解的偏差阻碍了政治经济形态的转变:从一种陈旧、集中、闭塞、自私、个人主义的力比多经济[①](économie libidinale),一种男性主导的利益至上的资本主义政治经济向一种慷慨、多产、非二元对立而是二元共存、多元的力比多经济,一种推崇分工合作甚至给予的政治经济的转变。

就像自愿流产动摇了极右派的价值取向一样,男女平权也动摇了极端自由主义和极端菲勒斯中心主义[②](phallocentrisme)的利益。至高无上的大男子主义(androcentrisme)极力阻碍男女平权文化的萌芽。局限于最基础的量的层面、受到标榜平等的男女有别这类怪论调的制约,男女平权注定要失败。时至今日,宪法还未承认女性不可剥夺的、神圣的

---

① 亦称"性欲经济",力比多(性欲)这一概念由德国著名心理学家弗洛伊德提出,这里的性欲不是指生殖意义上的性,而泛指一切身体器官的快感。——译注

② 菲勒斯中心主义的"菲勒斯"(阴茎)是一个隐喻的男权符号,所以菲勒斯中心主义也就是人们一般所说的男权中心主义。菲勒斯中心主义认为男性优于女性,男性对人类所有事物都具有合法的、通用的参照意义。——译注

权利。因此，只有从根本上修改宪法，才有可能实现一种质的均等①（*parité qualitative*）。

男女平权，就像由此衍生的孩子同样可以冠母姓的法律条款②一样，受到了激烈反对。男权至上主义者假装把一种基本的、首要的、绝对的、多产的、两性的差别与一些次要的、相对的、文化的、民族的、种族的、二元对立的、低等的、唯男性的差别混为一谈：前者会激发活力和对话，后者则会引起战争与冲突。

为了挽救世俗化，一项小法案将在今年投票表决。然而这引起了争议，双方壁垒分明。《ELLE》杂志呼吁希拉克总统保护受到威胁的女性的合法权利③。

有些人想让我们相信男女平权会滋生威胁共和国价值取向的社区主义（communautarisme），仿佛女性是少数族群④。不过，女性确实是弱势的、顺从的，她们的举止总是经意不经

---

① 参见"明天，均等"。

② 2002 年 5 月 4 日颁布的允许新生儿冠母姓的法律被修订，范围受限，并且生效时间延后。

③ 此处 ELLE 既是杂志名，在法语中又是"她"的意思。一语双关，也表达了"女性在行动"的意思。

④ «Que l'on nous épargne la complainte sur la dérive vers le communautarisme» , écrit Michel Rocard dans *L'Express*, le 20 juin 1996. ("但愿我们可以免遭向社区主义偏移的指责"，米歇尔·罗卡尔)

意流露出一种自愿的奴性,哪怕在面纱后面,她们斗志昂扬。没有人提到过戴面纱的痛苦。炎炎夏日,女性却被禁止到海水里去凉快凉快。这些情况,并不是像有些人说的那样无关紧要,而是会使共和国性别分化、威胁公民人权的主要症结。

在共和国的领土上,不仅是在马约特岛①(Mayotte)——在那里,我们的宪法允许"个人婚姻状况"可以和公共法规定的"公民婚姻状况"②不符。法国,与其承诺的民主背道而驰,没有出台像反种族歧视法一样受到严格保护的反对性别歧视的法律来捍卫女性。

政教分离法案积极意义在于,它加强并更清晰地阐释了政教分离政策。而在此之前,政教分离政策很少关注女性权利以及男女在教育及公共领域中的混合,抑或是从两性的角度去考虑公民的基本权益。

国家女权主义似乎是拆东墙补西墙;没有针对女性的整体规划和政治意愿,在改革和反对改革的两股力量中间,持一种致命的观望态度。

① 法国海外省之一。——译注
② 1958 年宪法第七十五条。

混乱将持续升级：比如一个赞成民事互助契约（PACS）[①]的女性却反对男女平权；一个赞成男女平权的女性却反对支持世俗化的法律；一位强烈反对性别差异的激进女权主义者却赞成和社区主义相去不远的文化差异主义（différentialisme culturel）。然而，我们也可以从中找出某种逻辑。自愿流产法案饱受基要主义[②]者（fondamentaliste）和极右派的非议，男女平权受到普世（男性）主义者的质疑，世俗化受到各方原教旨主义者的反对，从赞成极权的极左派、反全球化的伪民主分子（pseudo-démocrate altermondialiste）到部分拉不到选票的五花八门的左翼皆是如此。反应如此激烈的各种反对派有什么共同点？他们是处于怎样的精神、心理错乱，抑或无意识的心理变态之中？"崇一派"（La bande à Mono）[③]——极权主义者

----

① 是法国除婚姻之外的另一种民事结合方式。不管异性还是同性，均可使用民事互助契约进行结合。从 1999 年开始法国认可同性通过民事互助契约登记结合，直到 2013 年 5 月 18 日法国同性婚姻合法化之前，民事互助契约都是法国同性结合登记的唯一方式。——译注

② 基要主义（fondamentalisme）也称原教旨主义，是近现代基督教新教极端保守的神学思潮之一，无统一组织，强调恪守基督教基本信仰，反对现代主义尤其是圣经评断学。基要主义的起源可追溯至十九世纪末，1895 年在美国尼亚加拉城举行的《圣经》研讨会上提出的五点基本要道后成为基要主义的核心主张，即确信耶稣为童贞女所生、死而复活并具有神性、代人受死完成救赎、最后基督将"肉身再临"、确认《圣经》的权威及其字句无讹。——译注

③ 就像让-弗朗索瓦·若斯兰（Jean-François Josselin）在 1995 年 7 月 6 日《新观察家报》的一篇充满调侃的文章中所说的那样。

或原教旨主义者的神圣联盟要远超一神教的神圣联盟，它集结了所有热衷于"一一众"，所有那些敌视至少有开放的两方、民主个性以及男女平权分工合作的民主的人群。30年来，我们见证了一个重大转变：对不同文明中固有的厌女症的揭露，不仅强化了对女性地区性和全球性的性别歧视，尽管它指向个人，而且还通过政治上随处可见的厌女症倾向和反女权主义来加重这种性别歧视，反女权主义针对的是就女性历史状况掀起的一场不可避免的、持续的运动。

这是事实，近40年来，女行运动绵延不绝，什么都无法阻止。任何时候，在地球的某个地方，无论是以个人或集体的方式，总有那么一群女性，她们坚持行动和思想的自由，为捍卫进步、赢得新的权利而斗争。一切改革都会遭遇反对改革的势力。女性解放是最旷日持久的革命，必然会遭遇最漫长、最血腥残酷的反革命逆流。我们应当用耐心谨慎地武装自己并勇敢清醒地面对危险。

自从第一个改善女性状况的方案出台（1975年在墨西哥举办的女性议题联合国大会），刺激我写作并发表这些文章的第一波和第二波反女权主义的 *backlash*（回潮）①就抓住大好

---

① 回潮象征着威胁女性新自由的反妇女运动。（参见"运动中的女性：昨天，今天，明天"）。苏珊·法吕迪分析了妇女解放运动在美国取得最初的胜利之后女性遭到排斥的境况。Suzan Faludi, *Blaklash, La guerre froid contre les femmes*, Paris, Editions Des femmes, 1993.（苏珊·法吕迪，《回潮，针对女性的冷战》）

时机组织打击报复,因为他们的反击和世界经济、政治还有象征危机一唱一和。宗教的复兴先于基要主义的兴起。70年代中期以来,男性的反对、他们对一神论的固守将反女权主义根植于厌女症中;反女权主义是最古老的种族主义在当下的延续,如同今天,新的女权主义者带领、推动女性解放,在母亲和女儿这两个分而治之的领域,试图继承女性运动的遗产。

我们的身体并非一直属于我们自己,同工却一直不同酬……这种负面现象越来越严重,伴随着身边频频发生的谋杀、轮奸(并非仅限于郊区)、少女怀孕、乱伦、恋童事件,色情市场的现代化与奴役传统沆瀣一气。

1998年,阿马蒂亚·森①以他的全部作品获"诺贝尔经济学奖",其中大部分是关于女性状况的。他的作品被翻译成法语已经不止15年了,但是没有产生太大的影响,似乎被我们的社会学家们忽略了。他的作品远非畅销书籍,他所揭露的对女性的灭绝②(gynocide)还没有引起哪怕一位著名知识分

---

① 阿马蒂亚·森(Amartya Sen,1933—):出生在印度孟加拉湾,1959年在英国剑桥大学获博士学位,先后在印度、英国和美国任教。他曾为联合国开发计划署写过人类发展报告,当过联合国秘书长加利的经济顾问。他因在福利经济学和社会选择理论研究上的突出贡献获1998年诺贝尔经济学奖。——译注

② 这是我根据报道的日复一日屠杀女性的现实而创造的新词,我于1989年同时成立了两个组织:厌女症观察所(Observatoire de la misogynie)和女性民主联盟(Alliance des femmes pour la démocratie)。

子或媒体人的注意。在某些场合，特别是在欧洲议会的发言和这个集子收录的文章中，我多次提到他令人震惊的报告①，但没有引起丝毫反响。一位女性消失了？不，是一亿女性永远都不会再作出应答。这意味着人类的总数少了一个亿。更近一点，在2002年，阿马蒂亚·森再次呼吁，但同样没有产生什么影响："面对已被接受的价值观，这种新形式的性别歧视需要更具批判性的态度。歧视女性的危害（如选择性别的堕胎）反映了母亲自身无法摆脱的根深蒂固的崇男价值观，女性不仅应该拥有行动的自由，还应该有思想的自由：质疑和审慎分析过去沿袭的信仰以及传统所规定的优先权的自由。要带着批判精神和开明的视野积极参与，去和一切不平等作斗争，包括性别的不平等②。"

此版新增的四篇文章证实了人类的这场劫难。从真实存在的暴力到象征性的暴力，屠杀正在继续并愈演愈烈。每天，媒体都在淡化死亡的危险，"如果这是一个女人③"。

---

① Amartya SEN, «Pouquoi un déficit de plus de cent millions de femmes?», *Esprit*, n°9, 1991. (阿马亚蒂·森,《一亿女性缘何消失?》,参见《明天,均等》第337页起）。

② Amartya SEN, «Quand la misogynie devient un problème de santé publique», *Courrier International*, 10 mai, 2002. (阿马亚蒂·森,《当厌女症成为公共健康问题》)

③ 套用了普里莫·莱维(Primo Levi)写的"如果这是一个男人"(Si c'est un homme)。

在新世界,自 1993 年以来,在墨西哥-得克萨斯州边境的华雷斯城①,500 多名女性在被肢解、折磨、强奸后被谋杀,而凶手全部逍遥法外。局势的严重性已经引起联合国的警惕,并导致联合国对这些州政府的不作为和漠不关心表示抗议②。在我们古老的欧洲,2002 年 10 月,在巴黎郊区,年轻的索阿娜(Sohane)被一个求爱被拒者活活烧死在一个垃圾场里③。而就在当天抗议一起种族主义罪行和一起恐同④袭击的政治家当中,没有一个人对这一起性别歧视造成的谋杀表示愤慨,也没有对罹难的年轻女子表示同情⑤。一年后,几乎就在同一天,尼斯一位 50 岁的女教师遭受了相同的命运;同样地,这一

────────────

　　① 华雷斯城(Ciudad Juarez)一译"胡亚雷斯城"。始建于 17 世纪中叶,是墨西哥奇瓦瓦州的一座城市,位在布拉沃河南岸,对面是美国的艾尔帕索,有铁路、公路桥相连,墨西哥北部边境重要城市。1659 年开埠,称为"El Paso del Norte"。1888 年改名以纪念墨西哥总统贝尼托·华雷斯。2009 年 1 月至 8 月 21 日止华雷斯有 1362 人被谋杀,是世界最高谋杀率的城市,毒枭为争夺控制毒品交易,此地已经成为墨西哥的谋杀之都。——译注

　　② *Paris Match*, 13—19 novembre 2003(《巴黎竞赛画报》); *Marianne*, 12—18 janvier 2004.(《玛丽安娜报》)

　　③ «Sohane tuée par le machisme !», éditorial de Michèle Fitoussi, *Elle*, 21 octobre 2002.(《索阿娜死于大男子主义!》,米歇尔·菲图西写的社论)

　　④ 恐同现象指的是排斥甚至厌恶、恐惧、仇视同性恋者的现象。——译注

　　⑤ 10 月 9 日,我致函法兰西共和国总统府的特派员布朗蒂娜·克里格尔(Blandine Kriegel),谴责这种歧视女性的罪行,并努力设法确保今后不再发生类似罪行(参见《有人烧死了一个女人》)。

罪行也被淡化了,仍然只有更深的沉默①。我们知道这类致命的迫害在欧洲越来越普遍了。2003年7月1日,一位非常受欢迎的年轻女演员被她的情人,一个"政治正确"的音乐家与反全球化同情者,殴打致死。12月下旬,在舆论一片哗然之后,"高大上"的媒体才把此事审慎地列入2003年度大事件:"玛丽·特兰蒂尼昂②在一场激烈的争执后死去③。"一些保守的女权主义者因这样的私生活场景被公开而感到愤怒,而另一些更名副其实、更严谨的女权主义者则从这起谋杀中看到了家暴令人警醒的危害。虽然法国的交通事故受害者人数最近有所下降,但每月却有5名女性因单方面暴力而丧生,只在"社会新闻",换言之诸如"狗狗被轧死"之类的简讯中得到报道。在西班牙,家暴导致的死亡人数比埃塔组织④(E.T.A.)恐怖袭击致死的人数还要多。

女性,穷人中的穷人,变得愈来愈贫穷了⑤。1994年我刚

---

① *Aujourd'hui en France*, 1ᵉʳ octobre 2003. (《今日法国》)

② 玛丽·特兰蒂尼昂(Marie Trintignant, 1962—2003):法国著名演员、编剧。5岁开始演电影,曾出演过30多部影片。2003年在立陶宛一家酒店内被男友、法国摇滚歌手贝特朗·康塔(Bertrand Cantat)毒打致死。——译注

③ *Le Monde*, «Chronologie», 28 décembre 2003. (《世界报》,《年表》)

④ 巴斯克恐怖组织 E.T.A.埃塔是巴斯克语中"巴斯克家园与自由"组织的首字母缩略语。——译注

⑤ 本书许多文章都注意到在法国、欧洲以及世界各地贫穷的女性化这一观点;参见《明天,均等》。

到欧洲议会时，看到一篇名为《欧洲贫穷的女性化》(*La pauvreté se féminise en Europe*)的报道，这是我看到的第一篇报道，其他的随之而来。如今天主教救济会①(Secours catholiques)对这一情况十分担忧。自 1975 年第一次世界妇女大会在墨西哥召开以来，非政府组织和女权主义者不断为这一困境发声。女性创造了全世界 2/3 的财富，但拥有的只占其中的 1%，得到的可支配收入只有 10%，而且在赤贫的人群当中女性所占的比例高达 75%②。在争取自由的过程中，我们的民主却迫使女性承担单亲家庭的负担，接受非正式的工作、临时的工作甚至是失业。在社会去福利化的过程中，法国减少妇科医生，撤销产科，削减养老院配置。和男性相比，女性"对疾病的抵抗力天生比较强③"，她们为社会生育孩子，但她们却在卫生赤字和社会赤字中成了首当其冲的牺牲品：退休金遭到不公正的削减，2003 年酷暑中因高温中暑死亡的绝大多数是女性④。

动荡或生育，失业或卖淫，失控的自由会让女性去从事

① *Le Parisien*, 5 novembre 2003. (《巴黎人报》)

② 数据参见 PNUD, FNUAP, OMS(2012)："女性承担了世界上 2/3 的劳作，但只拥有 2%的财富，领 10%的薪水。"——出版社补注

③ Amartya SEN, « Pourquoi un déficit de plus de cent millions de femmes?», art. cité. (阿马亚蒂·森,《一亿女性缘何消失?》)

④ 参见 2003 年 10 月国家人口研究中心(Fiche Ined)资料。

19

两种生理条件和历史条件赋予她们的"天生的"职业：世上最美好的职业——生育、世上最古老的职业——卖淫。事实上，这也是世上两种最古老的奴役，一种给男人传宗接代，一种是取悦男人。失控的自由使女性的乐土和身体被商品化。贩卖人口、色情、卖淫。放荡的性虐、野蛮的个人主义和经济恐慌相结合，滋长了萨德侯爵的拥趸们利用盘剥自愿的受虐色情狂文化。然而，某些左倾主义和女权主义宣扬的并不是废除性奴役，而是通过对卖淫的管理使性奴役制度化。一切形式的原教旨主义、恐怖主义、帝国主义、狂热主义、利己主义，不管是穷人还是富人，都把钱花在毁灭妇女和儿童的激情上，而不是用于满足妇女和儿童的生存、治疗、教育的需要上。

西方和东方在地球和女性身上放了一把火，世界成了炼狱。从里到外，从家庭、小路、学校、大道、街区、城市、乡村到各种法治社会，不管是贫穷还是富有，传统还是现代，在各种可能的分析中，女性都必须面对一场特殊的战争，仿佛她们的身体被赋予了种族延续所不可或缺的功能——繁殖功能——而成了由来已久被仇视的对象。指出这一灰暗现实的女性被指责夸大了女性所受的戕害，然而她们所做的只不过是指出了杀戮和刽子手。连环杀手（serial kil-lers）、强奸犯、求爱被拒的情人、酗酒的丈夫、恋童癖、性旅游游客几乎清一色是男性。虽然缺乏数据，但是所有报道都足以证明是男性在主导这个患了厌女症的世界。性别战争从未发生，因为女性从不挑起战争，直至现在，她们一直在默默忍受。

国家女权主义推行了30年后，依然还有这样的民主倒退现象，这证实了本书第一版中的假设与分析。与其说女性介入程度不够，不如说是政治层面和精神层面的分析言之无物造成的。自该书第一版出版以来，通过对这一问题不同解决模式的研究，我一直强调是它们结构性的错误造成了女性的悲惨状况：其一是传统模式即**女人就是子宫**（*tota mulier in utero*）；其二是推崇普世（男性）价值的共和国模式，它在一种男女无区别论的女权主义之后盛行，即**女人不是子宫**（*tota mulier sine utero*）；前者鼓励对女性的利用和盘剥，后者拒绝对女性的利用和盘剥。而民主模式，它是上述两种模式妥协再生的产物，自以为能够协调家庭生活与职业生活之间的矛盾；脱离赋予新生命的女性身体，从家庭或是人口统计学的角度去看待人口出生率，否定了长期以来被我称作**生命的生产**①（*production de vivant*）的价值并且认为这是对女性的盘

① 参见《运动中的女性：昨天，今天，明天》。

剥,生孩子在很多情况下加重了女性负担,和家务、工作一起变成一种**三重生产**①(*triple production*)。

失控的自由和放纵使我们远离了勤奋钻研理论和积极投入实践的年代②,那时候我们可以在小册子上读到马克思与恩格斯主张的武力夺权就是解放无产阶级的劳动生产力。恩格斯在 1884 年写道:"历史过程中的决定因素归根到底是现实生活中的生产和再生产,生存方式的生产和人类自身的生产,也就是物种的繁殖③。"

弗洛伊德在打破对潜意识的压抑时遇到了"精神分析的一个困境"④。他发现了人类历史的三大悲哀(vexations),即自恋性创伤,这些"创伤"受到一种非理性的、而是"情感性"的抵抗:随哥白尼而至的宇宙起源悲哀,随达尔文而至的生物起源悲哀,以及潜意识被发现后的精神分析悲哀。在打破女性身体的压抑时,妇女解放运动开启了不为人所知的更加广泛

---

① 参见《人生而有两性》。

② Tract de 1970, du M. L. F., Psychanalyse et Politique. (《妇女解放运动 1970 年条约》,精神分析与政治)

③ Friedrich Engels, *L'Origine de la famille, de la propriété privée et de l'Etat*, Paris, Editions sociales, 1976. (弗里德里希·恩格斯,《家庭、私有制和国家的起源》)但是,被恩格斯视作"决定性因素"的生命的孕育,就像他对财富的生产和人的生产所做的区分一样,仅仅是一纸空文。

④ S. Freud, *L'Inquiétante Etrangeté et autre essais*, Paris, Gallimard, 1986, p. 187. (西格蒙德·弗洛伊德:《暗恐论及其他论文》)

的一种抵抗,也就是第四种"悲哀"——生育悲哀①。男性的抗议是失望、挑战和退缩三种情绪的复杂统一体,尽管他们的反应如此强烈,也难以阻挡要求赢得公民权力的女性所释放的力量。

梅兰妮·克莱因②的著作,包括她在 1968 年被译成法文的作品《嫉羡与感恩》(*Envy and Gratitude*)印证了我的直觉:比起女性有意识的阴茎嫉妒来说,**子宫嫉妒**③(*envie d'utérus*)更为深入地扎根于男性的无意识之中。不过"子宫"不是克莱因的概念。在狄德罗的《生理学的基础》(*Eléments de physi-ologie*)及其精美的雕版印刷的《百科全书》出版 200 年之后,"子宫"这个词仍然没有出现在精神分析的词典以及伦理学词典中。仅了解子宫嫉妒是不够的,还应当思考子宫嫉妒所带来的政治影响,它是女性在各个领域蒙受真实或象征性的暴力的症结④。

生育悲哀,子宫嫉妒,生育权被剥夺,厌女症。

自创世记——《圣经》中的宗教神话,到后来弗洛伊德关于

---

① 参见《我们的运动是不可逆的》。

② 梅兰妮·克莱因(Melanie Klein, 1882—1960):奥地利精神分析学家,儿童精神分析研究的先驱。——译注

③ 参见《人生而有两性》。

④ 参见《厌女症的瘟疫》。

人类物种进化的名篇,从《移情性神经症概述》(*Vue d'ensemble des névroses de transfert*)到《摩西与一神教》(*L'Homme Moïse et la religion monothéiste*)①,以及当下政治经济学领域②中一枝独秀的自由主义,在关于欲望——一个精神分析和政治概念——的任何主题上,均不承认生命的牺牲以及对生育权力的剥夺。政治经济学领域上不重视生命的生产③,也未将其理论化。而精神分析学领域中,不存在具有生育能力的女性,也没有关于性器官的理论,而且在男权资本主义和后现代"政治正确"的法则下,思考是一种被禁止的权利。

这就是用对"一"的狂热、所谓的象征秩序、肛欲菲勒斯中心主义(analphallocentrisme)、同质的无差异主义(indifférencialisme homogène)来主宰、支配、剥削、侵占、奴役女性。我猜测,厌女症,这种反女性的种族主义——种族主义中最极端的一类——来源于一种特殊的力量,这种力量激发了这些人——最初是小孩,后长大为男人和女人——的嫉妒,相

---

① S. Freud, *Vue d'ensemble des névroses de transfert*, Paris, Gallimard, 2001, pp. 35—36 ; *L'Homme Moïse et la religion monothéiste. Trois essais*, Paris, Gallimard, «Folio essais» n°219.(弗洛伊德,《移情性神经症概述》;《三篇论文之摩西与一神教》)

② Jean-Claude Dupuis, *Le Sacrifice et l'envie*, Paris, Clalann-Lévy, 1992.(让-克洛德·杜普斯,《牺牲与欲望》)

③ Nancy Folbre, *De la différence des sexes en écomonie politique*, Paris, éd. Des femmes, 1997.(南茜·弗伯尔,《政治经济学中的两性差异》)

信自己不管对错都被剥夺了对方的生殖器,并由此产生了一个万能的替代物(弗洛伊德称其为"替代菲勒斯[Phallus surogat]"),它奴役、剥削女性,在经济上排斥女性鼓吹其他各种与之相对的价值取向:黄金、父亲、阳具、语言①,在现代人(homo sapiens sapiens)时期,它们的象征都指向至高无上的菲勒斯②。两种性别中的其中一种必须被同化,或者消失、转变,甚至消亡。吉尔·利波维茨基③认为母性是"性别角色同质化最根深蒂固的障碍"④。拉康则在他的精神病研讨课上表明(我不会再回到"女人是不存在的"这个话题),生育"脱离了象征的范畴"⑤,而且他明确地把它排除在他的研究范畴之外。上世纪70年代中期,比拉康还拉康的弗朗

———————————

① Jean-Joseph Goux, "Numismatiques", *Tel quel*, 1968—1969; *Economie et symbolique*, Paris, éd. du Seuil, 1973. (让-约瑟夫·古,《古币》,《原样》杂志;《经济与象征》)

② 菲勒斯(Phallus)是一个源自希腊语的词语,指男性生殖器的图腾,亦是父权的隐喻和象征。它的代表物是一根勃起的阴茎。弗洛伊德把它用来指称"男权"和"父权"。——译注

③ 吉尔·利波维茨基(Gilles Lipovetsky, 1944—):法国当代哲学家和社会学家。——译注

④ Gilles Lipovetsky, *La Troisième Femme. Permanence et révolution du féminin*, Paris, Gallimard, 1997. (吉尔·利波维茨基,《第三种女性——女人的恒定性与革命性》)

⑤ Jacques Lacan, *Le Séminaire*, Livre III, *Les Psychoses*, «Du signifiant et du signifié», «Qu'est-ce qu'une femme?», Paris, éd. du Seuil, 2002. (雅克·拉康:《研讨课》第三卷,《精神病》,《从能指到所指》,《女人是什么?》)

索瓦兹·多尔多[①]言之凿凿地宣称:"只有一种力比多,那就是男性力比多"。因此被贬低的生育远非一种特权,它在融入社会的过程中使女性彻底处于劣势,而正是生育本身应该得到正名,它是颠覆一种在各方面都反常的社会秩序的出发点。

妇女解放的主要敌人还未被充分地指出来:男性一元论、菲勒斯中心主义、自我中心主义以及作为全体人类代表的阳性的"一"。从一神论到共和国的平等,都强调了"一":只有一个上帝,男性的上帝;只有一种力比多,男性力比多;只有一种经济,自由资本主义经济;只有一种公民权益,中性的公民权益;只有一个主体,普遍的主体;只有一种性别,男性;只有一个个体,一元的、没有维系的个体。正是如此,若上帝需要男人,而男人需要"女人"[②]为他们生孩子,黑色大陆[③]殖民、女性奴役(女性成了生育工具[④])、占有作为生产繁衍的主要方式的子宫、对子宫生产进行盘剥便由此开始了。哲学家们,或者

① 弗朗索瓦兹·多尔多(Francoise Dolto):法国家喻户晓的儿科医生,儿童教育家,儿童精神分析大师,在全世界都有巨大的影响。她与拉康共同建立了巴黎弗洛伊德学派,将精神分析推向了对童年的研究。——译注

② Euripide, *Médée*, Paris, Gallimard, 1962, éd. de Marie Delcourt-Curvers, «Folio Classique», vers 416 et 574. (欧里庇得斯,《美狄亚》)

③ 弗洛伊德认为神秘莫测的女性是一片未知的黑色大陆。——译注

④ 奴隶,正如一台"运转不歇的机器"。(Aristote, *Politique*, I, 4)(亚里士多德,《政治学》)

说那些拉康之流的大师、精神分析师、学者、研究者所谓的**肉体的、知识的、权势的贪欲**[①]（La libido *dominandi*，*savandi*，*sciendi*），这种男性力比多很清楚，尽管一个女性变成歇斯底里的奴隶（门徒或荡妇），尽管女性被政治学说洗脑了，但异质的母性不仅仅会造成正统思想（*doxa*）的混乱，而且每当女人表达她的欲望、要孩子的欲望或对另一个女人的欲望时，再强大的学说也说不清道不明它无法把握的女性力比多，女性内心深处冲动的根源。

最古老也是当下的象征秩序都把男性和女性对立起来，把他们一分为二。给男性的是创造、文化、观念、合法性、特权、才华，给女性的是生育、像动物一样的孕育、自然、原罪的生育、不合法性、歧视。把赋予两性的万能的法律、至高无上的"一"都给了"他"。弗洛伊德认为他已经找到了让偏执狂产生挫败感[②]的症结；他只是时间不够，也许是胆量不够，去建立一套生育理论。如果，回到女性，子宫嫉妒困扰了哲学家[③]，他赋予自己疯狂杀死"她"的权利，把世界、把她的房子、

---

① 最初的出处是使徒约翰说的"肉体的情欲，眼目的情欲和今生的骄傲"（1 John 2:16），后来帕斯卡在《思想录》中把情欲的拉丁文 concupiscentia 改为 libido（力比多，贪欲）。——译注

② 指的是男性发现女性（他者）存在，因嫉妒女性的生育能力（子宫嫉妒）而变得疯狂、产生杀人和自杀的倾向。——原出版社补注

③ 这里影射的是弑妻的哲学家阿尔都塞。——原出版社补注

把她的身体一把火烧掉；或者太接近女性学的思想，因为他是个诗人，他不忍心杀死她，于是自杀了。要么是成全他者的自杀，要么是偏执的谋杀。

与此同时，女性的**创造力比多**(*libido creandi*)(cerare 在拉丁语中既有创造的意思，也有生育的意思)，长期以来被我叫做"力比多 2"，拒绝二元论的两分法①，把它自然而然地跟母语、生育和创造联系起来。

自愿可控的生育不应该再是对女性的一种奴役。而且，把生育看成是一种特权也是疯狂之举，这会再次把女性当做无所不能、对男性造成压迫感和威胁的敌人，因此男性就会想要消除女性。生育不应该再被忽视、压抑和排斥，也不应该在无意识中被视作是对偏执的自我的威胁。相反，应该把生育作为研究男女差异的主题。

从源头去解放女性的**创造力比多**对战争和死亡冲动提出的持久的挑战。在 21 世纪，它掀起了一场关于人类性别的革命，开辟了探索两性才华的道路。

幸存者(*survivors*)，更贴切地说是超级幸存者，虽然女

---

① 菲勒斯中心主义认为男人才有创造力(création)，是智力层面的才能，而女性只有生育的能力(procréation)，只是生理层面的才能。福克提出的力比多 2 或子宫力比多，就是强调女性的繁衍力也是一种创造力。——译注

性承受着三重负担，但她们一反受害者的形象，只要给予一丝鼓励，女性就会充满能量，把自己转变为变革的主导者，成为提案的主力，成为以人口、发展、民主为**三重动力**(*triple dynamique*)的跳动着的心脏，从而推进象征、经济、政治领域的三重革命。我们的"妇女解放运动"对全世界女性创造性的积极参与始终表示钦佩，不管她们是默默无闻还是声名远播。1990年3月8日，巴黎索邦大学的一个论坛颂扬了那些以她们的力量和勇气而闻名于世的女性[①]。书籍、报刊、出版社、电影都在为她们发声和宣传，从革命者爱娃·弗

---

① 参见《明天，均等》。来自五大洲的12位杰出女性从12位杰出的法国女性手中接过由索尼娅·德洛耐(Sonia Delaunay)设计的妇女联盟奖杯。该活动汇集了女政治家、女记者、女数学家、女哲学家、女创作艺术家、女运动员和女演员……她们是西蒙娜·薇依、艾莲娜·博耐(Elena Bonner)、莫莉·亚尔(Molly Yard)、达尼埃尔·密特朗(Danielle Mitterrand)、艾拉·巴特(Ela Bhatt)、艾迪特·柯雷松(Edith Cresson)、米歇尔·安德烈(Michèle André)、阿尔贝蒂娜·西苏鲁(Albertina Sisulu)、卡妮塔·威西安夏隆(Kanitha Wichien-charoen)、弗朗索瓦兹·吉鲁(Françoise Giroud)、伊万娜·肖盖-布鲁阿(Yvonne Choquet-Bruhat)、布朗蒂娜·克里格尔(Blandine Kriegel)、夏洛特·贝里昂(Charlotte Perriand)、埃莱娜·西苏(Hélène Cixous)、索尼娅·里基尔(Sonia Rykiel)、让妮·龙格(Jeannie Longo)、阿丽耶勒·东巴勒(Arielle Dombasle)和其他众多参会者。(*Alliance des femmes*, 8 *Mars Journée internationale des femmes*, 1990, Des femmes, France-U. S. A., édition bilingue, 1992)(《妇女联盟，1990年3月8日国际妇女节》) pour la force des femmes, voir aussi : Françoise Barret-Ducrocq et Evelyne Pisier, *Femmes en tête*, Paris, Flammarion, 1997. (关于女性力量的主题，参见弗朗索瓦兹·巴雷-杜克洛克和伊芙琳·皮西埃的《女性当先》)

雷斯特①到塔斯利马·纳斯琳,到"诺贝尔和平奖"得主昂山素季。在非洲,95%的非政府组织是由女性领导的。在尼日尔,妇女们让沙漠退却,通过艰辛的重建和灌溉工作,使土地变得丰饶,用来养育村民,重振村庄市场②。法国,这一次终于成了欧洲的典范,出生率和就业率双高,这在民主国家是非常罕见的③。

然而,没有哪个地方,政治意愿能保证女性得到丝毫的安全感。没有哪个地方,不管是穷人区还是富人区,**女智人们**(*feminae sapientissimae*)均无法享受她们的创造力比多,无法为了共同的利益去表达和利用她们的创造力比多。因此,需要有一种真正的政治意愿来对抗反动和破坏的力量,使女性不再满足于一套哲学、司法和政治体系鼓吹解放的善意,这套体系四分五裂且支离破碎。女性神圣不可剥夺的权利必须纳入我国宪法的哲学基础。而在批准《消除对妇女歧视公约》④(Convention pour l'élimination des discrimination à l'égard des

---

① 爱娃·弗雷斯特(Eva Forest, 1928—2007):精神分析师、和平运动的斗士,出生在巴塞罗那,对西班牙内战的记忆让她很早就投入反帝国主义、反资本主义和反法西斯主义的战斗。1970年她是西班牙首次女性民主运动大会的发起人,随后被捕,1977年6月1日获释。——译注

② *VSD*,31 décembre 2003.(法国周末杂志《VSD》)

③ «Liberté, égalité, maternité» de Blandine Grosjean, *Libération*, 29 avril 2003.(《自由、平等、生育》,布朗蒂娜·格罗让,《解放报》)

④ 1967年11月国民议会通过。——译注

femmes)之后,法国应该履行承诺,颁布一项反对性别歧视和厌女症的法律,可效法《联合国消除一切形式种族歧视国际公约》[①](Conventon de l'O. N. U. contre le racisme)之后颁布的一项法案。这项法律将明确指出那些向女性单方开战的罪行。厌女症并不比反犹太主义更容易消除,重要的是要对它们造成威慑。

要到什么时候,共和国总统才会决定去抵制婚姻、家庭、城市、职场和象征中毁灭女性的不安全隐患,把它作为国家的首要任务,就像他懂得如何成功消减交通的不安全隐患一样?要到什么时候,国民教育才会在自 2004 年 1 月起在学校分发的教科书和共和国手册中,引导未来的公民去意识到性别歧视,即厌女症和恐同症(homophobie),把性别歧视与种族主义、仇外心理、反犹太主义、伊斯兰恐惧症(islamophobie)归到一起? 要到什么时候,宗教教育才会充分意识到一神论宗教,以及所有传统和文化,甚至现代共和国制度中的男性中心主义色彩? 要到什么时候,才会建起一座厌女症观察所,让大家意识到迫害女性的种种罪行? 要到什么时候,对协会的研究预算和财政支持才能允许一个真正意义上男女均等的部门——比如双总理制[②],去颁布一个全面的政策,来宣告男女

---

① 1965 年 12 月 21 日联合国大会第 2106A 号决议通过,1969 年 1 月 4 日生效。——译注

② 即一名男性总理和一名女性总理共治。——译注

均等的文化和民主的诞生？

趁体外发育技术还没解决一性论者所面临的繁衍难题，让我们赶快进行一项可与无意识调查相媲美的女学调查。趁性别差异还没随着酷儿运动(*queer*)和女性无差别主义消失，让我们赶紧制定一套生育理论。

母亲的身体，子宫的血肉，仍然是人类生存的最初环境。不管我们生而为女孩还是男孩，母亲总是我们爱的第一对象。每一位女性都熟悉这种先天的同性之爱，这种天生的同性性欲(*homosexualité native*)，这一传递最隐秘的**创造力比多**的所在。趁着还没有一个单一特征①(trait unaire)来分裂女性，并给她们安上同性恋和乱伦的罪名，让我们赶紧表达这种爱的美好。

"女性学"(*la fémionologie*)，远不是所谓的"某某主义"，是已有知识体系下异端般的存在，是主流思想之外的一次飞跃，是一个新的研究领域。但愿致力于走出自由主义藩篱的经济学家，以及想要摈弃个人利己主义的伦理哲学家，开始将妊娠、将心理和生理上的无私付出作为道德范式去研究；让他

---

① 也译作"太一"，"太一痕迹"。——译注

们去思考如何将责任的原则、主体的去中心化、馈赠的范式①结合在一起,以便赋予新的生命;让他们去宣扬一种感恩的道德取向,以代替嫉妒和弑母之恨。

在"献给把她们的线粒体传给我们的女性"的"致谢"中,路卡和弗朗西斯科·卡瓦利-斯福札(Luca et Francesco Cavalli-Sforza)②致敬这些*人类文明的创造者*(*anthropocultrices*)③、人类物种的档案和档案员,以及孕育了一代又一代会说会笑的物种的女性传种者、谱系学者、艺术家、创造者、教育者,不断挖掘他者的能力,寻找他者,寻找被她从"唯独我无所不能"(Tout Pouvoir Seul)的思想中解放出来的男人。*从生殖功能到母系谱系*(*De la fonction génésique à la généalogie matricielle*),每个女性为人类献出 DNA 线粒体;正是天才罗莎琳德·富兰克林④发现了 DNA,一个孜孜不倦探索起源问题

---

① Jean-Claude Michéa, *Impasse Adam Smith*, Paris, Climats, 1992 ; Hans Jonas, Le Principe responsabilité, Paris, Flammarion, 1998 ; René Frydman, Lettre à une mère, Paris, L'Iconoclaste, 2003. (让-克洛德·米谢阿,《亚当·斯密的僵局》;汉斯·约纳斯,《责任原理》;勒内·费德曼,《给一位母亲的信》)

② Luca et Francesco Cavalli-Sforza, dédicace de *Qui sommes nous ?*, Paris, Flammarion, 1997. (路卡和法兰西斯科·卡瓦利-斯福扎,《我们是谁?》的题献)

③ 参见《人生而有两性》。

④ 罗莎琳德·富兰克林(Rosalind Franklin, 1920—1958):英国物理化学家与晶体学家,以研究 DNA、病毒、煤炭与石墨等物质的结构著称。——译注

的学问。不管是在拉斯科(Lascaux),还是在其他的地方,还有什么可以阻止我们做这样的猜想:**女智人们也积极参与了艺术的诞生?**

不顺从也不做奴隶,没有上帝也没有主人,世俗化后的一些女性已经跟《圣经·创世记》渐行渐远,《圣经》文本中的女性是被排斥的。她们通过回忆、感恩、思考她们所来之处来学习阅读,不是为了倒退,而是为了向前;女性开始活在新的历史条件[①]下,以一种迟到的现代性[②]去书写"创世记"。剧变。双重多产的时代来临。肉体的和精神的。为了一项新的人类契约[③]。一起。**创造的时间**(*Tempus est creandi*)。两性互补,彼此充实,无所谓亏欠也不存在交易。

旧世界和现代史在逝去。起初⋯⋯这次也是一样。最初的思想和建议的力量。勇敢地去构思,去承受,让即将来临之事发生。既非沿岸居民,亦非内陆居民,既非定居者,亦非游

[①] Marcel Gauchet, *La Condition historique*, Paris, Stock, 2003. (马塞尔·格歇,《历史条件》)

[②] Peter Brown, *Genèse de L'Antiquité tardive*, Paris, Gallimard, 1983. (彼得·布朗,《古典时代晚期的形成》)

[③] 参见《人生而有两性》。

牧者。珍贵的记忆。持久的承诺。最终,体验生活的激情、结合、抵抗与解脱;激荡的性,孕育的身躯,思考的肉体,从现在起,自由的女性行动起来了。

　　"二不是一的复制,而是一和它的孤独的对立面。二是联合,是没有断的复线①。"

---

　　①　Erri de Luca, *Le Contraire de un*, Paris, Gallimard, 2004.(艾里·德·鲁卡,《一的对立面》)

我们的运动是不可逆的

1989 年 3 月 8 日 [①]

今天是 1989 年 3 月 8 日，我们齐聚在索邦大学的阶梯大教室里，为的是庆祝两大事件：——3 月 8 日，国际妇女节，现在世界各地都要庆祝的节日；

——1989 年，法国大革命爆发与《人权宣言》颁布 200 周年。

1857 年 3 月 8 日，纽约，制衣和纺织女工走上街头，揭露她们受到剥削的事实。她们要求减少工作时间（从每天 13 小时降为 10 小时），并且要求与男性享受同等工资待遇。

---

① 1989 年 3 月 8 日，在国际妇女节之际，法国妇女大会在索邦大学开幕，也恰逢法国大革命两百周年纪念（1989, *Etats généraux des femmes*, Paris, Des femms, 1990.）(《1989, 妇女大会》)。

1

1910年，为了纪念那些美国妇女，也为了每年有一个节日可以让妇女们提出她们的诉求，克拉拉·蔡特金①提议将3月8日定为国际妇女节。一年之后，第二次国际社会主义大会通过了这项提议。从此，3月8日便成为了国际妇女节。

1982年3月8日，我们在此召开了反对厌女症的第一届妇女大会。来自不同国家和地区如埃及、玻利维亚、美国、奥地利、阿尔及利亚、伊朗、科西嘉、苏联、爱尔兰，不同社会阶层，以及拥有不同政治信仰的妇女见证了对于女性歧视与压迫的反抗，并且她们宣称有必要进行独立的女性斗争。

我们选择了一个最具颠覆性的机构，也就是索邦大学。为的是，通过把这两个日期联系起来，从此时此刻开始，妇女解放与民主化可以重新焕发活力，令更多的女性受益。

21年前，在法国的活动只有两三位女性参与，后来发展到数万人。在这种动力的驱使下，今天在场的所有男男女女发起了妇女联盟的倡议，不管台上台下，他们都将在此次研讨会上畅所欲言。

---

① 克拉拉·赛特金（Clara Zetkin, 1857—1933）：德国社会民主党和第二国际左派领袖之一，国际社会主义妇女运动领袖之一，德国共产党创始人之一，无产阶级女权解放的灵魂人物。由于克拉拉把实现人类和妇女的全部解放作为其毕生心愿并为之奋斗，她被誉为"国际妇女运动之母"。——译注

有人说，一个思想体系的确立需要 30 年的时间。我认为，一场像妇女解放一样的运动也至少需要同样多的时间，就算不是彻底地，也至少是长期不懈地去战胜最古老的压迫，也就是所谓的父权制对女性的压迫。不过在如今，我更愿意把父权制称作是**子权制**（*filiarcat*）或**兄权制**（*fratria-cat*），因为正是通过一些新的结盟，一神论、政治和象征权力的联盟才会继续将我们女性排除在法律权利、居民权利和话语权之外。

在新千年到来前，我们还剩下最后 10 年，去完成我们肩负的历史使命的一部分，所谓的完成，就是说我们要将所做过的尝试变成最终的目标。同时，尤其是要将接力棒传递给我们的女儿辈。

如今，尽管历史学家、政治学家、生物学家和哲学家们都一致认为，在这个新千年前夕，影响文明进程的所有变化中最重要的是男女关系不可逆的转变，但是却很少有人坚持将这一转变，这一自去殖民化和欧洲帝国衰落以来最根本的转变，归因于妇女运动。

事实上，假设我们知道利用避孕技术的进步作为我们生物独立的手段，那是因为我们拥有随之而来的意识、思考和政治行动，因为在表达想法的时候，我们已经达到了精神、情感、生理、性爱和文化层面上真正的成熟，简而言之，也就是人性的成熟。而正是女性将这样一个简单的科技进步转变为一场文明的运动。她们将一场混乱的改革转变成了革命的、持续不断的动力。并且，改变的不只是男女关系，还有人类的三元结构，即女人-男人-孩子。

至今若不说是被否认，至少是仍被遮蔽的事实，就是妇女解放运动在这场巨变中所起到的引领和积极的作用。尽管被百般诋毁、歪曲、贬低与中伤，"妇女解放运动"仍是21年来改变人类状况一系列最正能量的事件的起因、动力和主导因素。

今后公正的史学家都应该承认，妇女运动早在1968年之前就积极参与争取避孕自由的斗争，使计划生育等现存的制度重新焕发活力。不仅如此，它还通过哲学滋养并改变了当代的精神分析以及文学思潮。最后，它还催生了其他运动："避孕及堕胎自由运动"（M. L. A. C.）的男男女女继承了"妇女解放运动"的使命，力求使堕胎合法化，同时传播避孕知识；"自由选择协会"（Choisir）则回到我们最初思考的一个主题，敦促法律将强奸定为犯罪。

党派和政府为了自身的利益想要尽快拉拢、终止或者改变这项运动，为此他们将女运动合法化，并在过去的15年间一次又一次确立制度化的女权主义。1974年，瓦莱里·吉斯卡尔·德斯坦创立了妇女事务部，并由密特朗的支持者弗朗索瓦丝·吉鲁①担任部长；1981年弗朗索瓦·密特朗创立了妇女权利部，由坚定的女权主义者伊薇特·鲁迪②担任部长。正是女权运动的影响力让更多女性得以在政府机构担任要职，虽然我们不得不承认，她们仍要借助君主、党首、父亲、兄弟或朋友的力量。最后，在1974年的薇依法案③投票后，女性获得了为自己做主的权利，而正是女权运动本身以及它对女性刚刚得到的权利的不懈守护，使得我们在传统上一直保守的选民在1981年首次站到了支持社会进步的党派一边。

无论是工会主义者还是精神分析学家，只要平心而论，都应该承认女权运动在道德和思维方式上引领的自由与独立之风，其影响力覆盖了欲望、性、情感以及经济、职业、政治等方面。最近几年"独身激增"成了人们广泛讨论的话题，尤其是右翼人士对此没完没了，但与他们所宣传的不同，这种孤独也可以是一种积极的态度。更多的女性认为与其和一个暴虐的伴侣一起生活，不如独居。与日俱增的独身行为是对愈演愈烈的自恋主义的有效回应。自愿的独身实际上取代了千年来

---

① 弗朗索瓦丝·吉鲁（Francoise Giroud, 1916—2003）：法国记者，1974—1976年任法国首任妇女事务部部长。——译注

② 伊薇特·鲁迪（Yvette Roudy, 1929— ）：法国政治家，1981—1986年任法国妇女权利部部长。——译注

③ 薇依法案（Loi Veil），1974年由时任卫生部部长西蒙娜·薇依提案，1975年在法国国会通过，旨在将堕胎合法化。——译注

的奴役。自弗吉尼亚·伍尔夫以降,每个女性都力图表明,她们不但有权拥有"自己的房间",还有权拥有"自己的欲望""自己的身份""自己的话语权",为的是让历史承认世上存在两种性别,承认异性的存在,这种异质性是人类绚烂多彩、绵延不绝的基石。

"妇女解放运动"紧随 1968 年革命的脚步诞生——我之所以继续称之为"革命",是因为我们从此确实步入了一个新时代——而"妇女解放运动"则始终需要和与主流对抗,或者说和这项革命中的反动势力、直白点说近乎法西斯主义的势力对抗。继自由和平等之后,这个新时代在"五月风暴"中发现了博爱的含义,事实上它也开启了一个人们相亲相爱的同时也自相残杀的时代,而女性由于自身的不同,愈加被排除在外,她们从来不曾、也许永远都不会被平等对待。从"五月风暴"中放肆的涂鸦,到电视上男明星的自恋都说明这个正在酝酿中的新时代对于女性而言可能比资本主义之于工人还要糟糕。

1968 年为之后的时代、至少是整个 21 世纪开启了一个新方向,而"妇女解放运动"跟它唱的是反调,它给自恋的男性带来了致命的创伤,这也是继弗洛伊德所归纳的三次创伤,即哥白尼革命、达尔文革命和精神分析革命之后的第四次创伤。这就是我从前所说的**象征革命**(*révolution symbolique*)。要破除那些类似的深入人心的成见,这些成见否认有两种性别、否认人类的繁衍需要三方的参与且历来阻碍实现男女均等。

"妇女解放运动"从最初的集会开始,运动中的母亲,待产的母亲的概念,像我们从 1968—1970 年就开始说服的那样,尝试让"让妇女从母亲的角色中解放出来",并一再强调她们不是"只为儿子而活","父亲是不存在的",动摇了建立在菲勒斯至上的幼稚、自恋的男人无所不能的观念。而"妇女解放运动"所面临的困境也恰恰在于它危及男性自恋的无所不能的观念。这和弗洛伊德说过的"精神分析所面临的困境"一样,因为他在发现潜意识时也动摇了自我。我们不但在理论上攻击父亲和儿子,也在用实际行动攻击他们,我们拒绝继续做他们阉割情结的对象,换言之,拒绝歇斯底里。当他们认为已经将我们禁锢在那个位置上的时候,过去我们就一直在那里。

内部存在的困难也不少。我们女性,这一文明的*被排斥-被禁锢者*(*exclues-internées*,用雅克·德里达提出的一个概念来说),我们既要从我们自身的根源去分析我们的关系,同时还要前进、思考、行动,每时每刻作出几个矛盾的举动,朝多个方向、多个复杂的(如果不说是自相矛盾的)计划迈进。当初是,或许现在仍是,为平等和/或差异斗争的时候。这些斗争的确让人头疼,的确让人心疼。我们只有几个人认为没有平等的差异只能产生心理的倒退和政治的反动;而没有差异的平等只能产生贫瘠化的趋同,一部分性心理的缺失。

随着运动的加速和扩大,或相反,停滞和困顿,排斥起源而不是融入起源的倾向就会加强。人们不让我们有时间去理解、去建构,他们让我们感到惶恐,让我们灰心,催促我们回答,把我们隔离起来,把文明的运动贬低为一种庸俗的潮流,给我们指定了平等的范围,就像我们命运的绝境,同样,他们还会把千篇一律的自恋主义作为唯一的(欠)发展道路强加给我们。

什么时候女性曾让一个一直处在撕裂中的世界血流成河?和每天在无论哪份报纸上都能看到的暴力,尤其是针对她们的暴力比起来,他们所谓的语言暴力又算得了什么?为什么对女性的斗争这么不宽容,而每天一个大党派内部男性之间的明争暗斗却被视为民主的象征?似乎任何差别都不被允许。我们应该是很完美的。我们"全错了"。

不用惊讶,妇女解放运动总的说来抵挡不了这种合谋、这种被边缘化的策略,以致于有时候它表现出反议会制的态度。所有的胜利果实都被夺走了,它一天天沦为歇斯底里的女人的聚居地。那些参加了"妇女解放运动"的女性,被认为是低贱的、可笑的、夸张的、放纵的、暴力的;而那些合法的女权主义者、已婚妇女或名门闺秀,则被赋予了尊严、威望和权力。今天,我们可以衡量这些特权是多么具有欺骗性,这些权力是多么脆弱。为了书写离我们并不遥远的历史，为了有新的突破，我们多么需要上升到认识论和政治的高度，去承认妇女运动的丰富多彩，承认和而不同的女性群体，承认她激发灵感的活力、充满生机、独立创新。

今天，除了有千百年来的压迫和歧视，还免不了我们女性最初的胜利受到了疯狂的镇压。在法国，每天都有人贬低、剥削、排斥、强暴、殴打女性，常常是毒打，以所谓的激情之名残害女性。

女性运动的发展是失衡的，在南方和东方，一些没有民主传统的国家，对文化和宗教身份的诉求简单粗暴，用至高无上的身份之名造成各种差异之间的竞争，除了那个众所周知的差异——性别差异，把女性排除在权力领域之外，因此也剥夺了她露脸的机会，使她们处在代表人数不足的境地，事实和表象之间的差距每天都在扩大，光说不做的现象成了女性前进的阻碍和威胁。

进入"菲勒斯"时代是"68风暴"的一大症候，这一点现在看起来昭然若揭。极端的是，自恋的自高无上的权力通过一种不宽容的思潮的兴起表现出来，我们可以预见，在这一场为了权力、为了纯粹的威严而进行的殊死斗争中，这种不宽容不仅仅只针对宗教领域。在自由、平等的时代之后，人们在谈论博爱、团结、宽容的时代。而且"别碰我的哥们儿"跟"别碰我的小说"等表达遥相呼应又格格不入。说到宗教，在刚开始谈到人权问题时，米拉波①认为深发一下还是很有必要的："我并不是来这里宣扬宽容的。在我眼中，对宗教没有任何限制的自由是如此神圣，以致于试图表达这一思想的'宽容'一词，在某种意义上都显得有点霸道和专制，因为只要存在有权力去宽容的权力机关，就会妨碍思想的自由，因为它既然可以宽容，那就意味着它也可以不宽容。"100年后，1882年，勒南②谈到政教分离时，毫不畏惧地断言："政教分离，就是国家在各种宗教之间保持中立，包容各种信仰，迫使教会在这一根本问题上服从这一原则。"从基要主义到"菲勒斯世俗化"(phallaïcité)③，宽容和不宽容让法律都有点晕头转向了。

到处，在世界的每个地方，女性境遇都越来越糟糕，倒退是令人担忧的，甚至有一些对女性有利的法律被废除了。但

---

① 米拉波(Honoré-Gabriel Riqueti, comte de Mirabeau, 1749—1791)：法国政治家，曾任法国国民议会议长。他放纵奢侈，早年多次被监禁。1776年，他与女友私奔到阿姆斯特丹，靠写攻击法国旧制度的小册子谋生，声名鹊起。1777年，他被荷兰移交给法国，监禁到1780年，此间大量阅读和写作。——译注

② 勒南(Ernest Renan, 1828—1892)：法国作家、哲学家、历史学家、孔德实证主义继承人之一，著有《耶稣生平》《以色列人的历史》等。——译注

③ 这个词是福克造的新词，由phallique(阳具的、男性性器官的)laïcité(世俗化、政教分离)合成，指排斥女性、不把女性考虑在内的世俗化。——出版社补注

是在世界各地,女性都是清醒的、警惕的、勇于抗争的。

我们希望庸常习见的野蛮行径会终结。在泰国,为了反对买卖和诱骗幼女卖淫,当地一些女性创立了一个基金会去收容并教育受害的幼女。在中国,她们成立了妇联去推动人权的完善。在美国,几十万名女性聚集在华盛顿为了重申自由选择生育或不生育的权利,也就是堕胎的权利。在其他一些地方,一些女性甚至走上了政坛。在法国,女性在创造机会,在走上领导岗位,在斗争:医院里的女护士、女助产士,幼儿园里女保育员都动员起来了,不仅为了提高工资待遇,还为了得到对她们工作的认可和尊重。

到处,我们都在继续抗争。这是一场不可逆的运动。

1979 年,联合国通过"消除对妇女一切形式歧视公约"(Convention de l'O. N. U. sur l'élimination de toutes les formes de discrimination à l'égard des femme)让我们的斗争和行动变得合法。不论对哪个协会和党派而言,《公约》不仅意识到了现状,而且还采取了行动,它宣告"对妇女的歧视违反权利平等和尊重人的尊严的原则,阻碍妇女与男子平等的基础上,参与本国的政治、社会、经济和文化生活,妨碍社会和家庭的繁荣发展,并使妇女更难充分发挥为国家和人类服务的潜力。"

1983 年法国对《公约》进行了修订,为女性赢得新的权利、新的自由再接再厉。

为了结束一种"衍生的力比多""衍生的法律""衍生的身份",从今往后我们应该致力于让语言、象征体系和权利领域的立法者都重视我们几点最根本的诉求。必须做到：

1. 在《公约》中，要写上"所有人，**不论性别**、种族、宗教信仰，都拥有不可剥夺的、神圣的权利"；

2. 在"女权宣言"的基础上制定法律总则；

3. 新的权利就要有对应的新的义务：抽出私人时间参与并肩负起政治职责[①]；

4. 只有承认了女性特殊的生产对人类的贡献，这一切才有可能实现。女性肩负繁衍人类的全部责任，但却因为这一生产被忽视、被排斥而遭受不公正的待遇。这是一项充满象征意义的生产活动，因为女性会说话，生出来的也是会说话的人，所以我们可以认为这是一种**人类生产**（*anthropoculture*）。但是女性的这一劳动被排除在所有社会、经济、职业、政治、文

---

① 在 1989 年，我们早就把均等主义作为实现真正的政治平等的途径和目的而为之奋斗，尤其是在这一年，我们尝试用具体行动来实践我们的理念，通过女性民主联盟提交了两份 3 月 12 日巴黎（第六区）和马赛（第四区）市政选举名单，其中多数都是女性。1992 年，我创建了"2000 均等俱乐部"（Club Parité 2000），在 3 月 22 日罗讷河口省提交了一份大区选举名单。

化范畴之外，成了最受奴役、归功于一家之主而他却最不必付出辛劳的工作，既没有工资可领，也得不到认可，而生育创造的是人类最大的财富：是会思考的造物。作为生育工具，因为生育被贬低，女性遭遇了双重的不公正的待遇，不仅是在职场上，而且是在发明创造上，虽然所有创造者都从生育行为模式中得到灵感和借鉴；

5. 继续提升自我，掌握资讯，重视传承和自我完善；开拓新的认知领域，新的科学领域，打通纯科学和人文科学的壁垒，创建一个认知学的新领域："女性科学"，从**女学**①到建立一个专门的法律体系。

为民主化而奋斗，就是为了让法制国家认识到对生育的歧视，正视由此引出的想当然的看法，而不是去制定一种理想化的平等，这种平等过于简单、扎根在同化的普世性之上，成为一条永远触不到的逃逸的地平线。让我们现实一点吧：现实就是人生而有两性，放弃这一原则，从长远

---

① "女学"(gynéconomie)跟伊丽莎白·德·丰特奈(Elisabeth de Fontenay)杰出的研究有呼应也有差异，她于 1978 年发表在《合体》(*Diagraphe*)一书中的《女学家狄德罗》(Diderot gynéconome)一文于 1981 年几乎全文收入在巴黎格拉塞出版社出版的《狄德罗，欣喜的唯物论者》(*Diderot, le matérialisme enchanté*)一书中。

看,势必会产生非常惨痛的后果,虽然在当下可能会有一种快感。

和过去相比,今天我们女性的行动应该更丰富,把平等的概念落到实处,建构属于我们自己的不一样的身份,学会适应,但不自我否认,学会介入,同时回到我们最初、最原始的身份——性别身份,而不是去压抑它、排斥它,或者站在男性的立场去无视它;我们应该团结起来,欣赏自己,而不是将一部分的自我摈弃,或者变成一盘散沙;应该把我们的身体当作心理和生理共同创造的所在;应该认为我们的肉体在思考会说话的人,当她生育的时候她也在创造;最后应该认为**有生育功能不是一个缺陷**。它也许是**无比美妙的**!从今天开始,我们就是未来的财富。

通过这次研讨会,我们试图借3月8号这个机会,让女性运动重焕活力,尽管遇到了很多困难和阻碍,女性运动不会停下脚步。今天的活动有几百、甚至几千男男女女参加,让我们成功的希望变得更加清晰可见。

几个月来,在世界各地,在阿根廷,在智利,在阿尔及利亚,在中国,女性行动起来了,走在民主斗争的最前线。就在预示这一希望的1990年代,我们创建了女性民主联盟。

为了妇女解放我们已经奋斗21年,我们已经做了10年推进民主化的工作,为了最终确立我们的思想和我们的行动,用成熟的心态去迎接 21 世纪和新千年。因为这一民主化的工作只会让女性群体受益。

我们继续前进，一边前进，一边推动民主化的进程。

运动中的女性:昨天,今天,明天

1990 年 4 月[①]

《争鸣》:"五月风暴"过后,法国有许多政治人物积极奔走,包括妇女解放运动的几位同道,而您却悄无声息。民众对您所知甚少。您是一位传奇人物,承载着"精神分析与政治"思想研究小组的鲜活记忆,这是"妇女解放运动"(M. L. F.)最激进的派别。但与此同时,您也是一位神秘人物……

福克:我在想,是否直至今日,人们依然将和起源有关的东西视为神秘,因为起源总带着神话色彩,只存在原生的口述形式,甚至不可言说。拉康认为"言说即胡说(Parler, c'est déconner)",更何况写作……!

---

① 1989 年 10 月至 1990 年 2 月期间,皮埃尔·诺拉、马尔塞·戈谢曾对福克作了访谈,谈话内容整理为本文并于 1990 年 4 月发表在伽利玛出版社《争鸣》杂志第 59 期。

您也知道，我们所说的"妇女解放运动"，它是紧随"五月风暴"的浪潮创建的，我们甚至可以说它是在后者的阵地上起步的。但"五月风暴"首先是一场骚动，一场言语的爆炸，一声呐喊；对我而言，且并不单单对我一个人而言，它是一个开端，或许这也是为什么它充满了神秘感。妇女运动的发起者尽管是知识分子——莫妮卡·威蒂格（Monique Wittig）、乔西安娜·夏内尔（Josiane Chanel）和我——，但最先爆发的却是呐喊与身体：这身体承受着 60 年代社会对它的苛难，备受当代学者和思想大师们的非议和压迫。

莫妮卡·威蒂格的身份是知名作家，我当时担任几家文学期刊的审稿人：《南方手册》《法国信使》《文学半月刊》。然而妇女运动并非从文本开始，其最初形式在当时称为"争取话语权"（prise de parole），即发自身体的抗议与口号。那时我曾说，妇女解放运动将要完成的革命就是解除对身体的查禁，正如弗洛伊德用精神分析实践及理论解除了对无意识的查禁；当然，就像弗洛伊德想丰富意识一样，我们的运动也旨在提供更丰富的文本和理论支撑。

至于您所说的神秘传奇人物，我想这已经超越我本人、直抵起源问题，这是一个很宏大的话题。这个话题足够我们谈论几个小时，它不仅涉及当代人与起源的关系，也关乎从这场运动的起源（如今某些女历史学家称之为前历史）与一路走来的我,确切讲是我与我的个人出身在现实、幻想和象征层面上的关系。过去我甚至表示,女性的开化必将引领我们从前历史(préhistoire)走向后历史(apèrs-histoire)。

当代人与起源的关系可以概括为惧怕或排斥,并掺杂着对女性的恐惧:有些分析学者用"幻母"(fantasmère)指代女性这个古老形象。恐惧在当时达到顶点,因为妇女运动将男性排除在外,以此回应我们被多数机构拒之门外的处境,通过对抗确立我们的地位。几乎没有其他途径。如果要找不同历史时期的参照:某些文人雅士可能对我的名字 A. 福克或多或少有点印象,只不过字母 A 让他们联想到的并非安托瓦内特,而是阿黛拉伊德(Adélaïde)。她是左拉笔下的人物,磅礴的卢贡·马卡尔家族系列小说(*Les Rougon-Macquart*)的源起。这位同样来自艾克斯①的"夏娃"浑身充满罪恶,连作家本人都憎恶不已。

我必须要说,这场运动终结(或许更应该说谢幕)的方式对我不利,也因为我深居简出。我从青少年时期起就行动不便,外出不但艰难更伴随痛苦,因此我往往不能出席应当出席的场合:游行、赴宴、社交往来,这些我都不能参加,必须节省精力专注于工作。

不仅如此,除了无意识的厌女症根源以及起源的丧失,或

---

① 福克本人曾在艾克斯普罗旺斯求学。——译注

者说母亲身体丧失了作为生命起源之所的地位，我总强调这一点，我还面临与自己出身之间关系的困扰：不仅是与我的性别意识产生的心理根源有关，我和身为女人的母亲拥有一样的性别，和身为男人的父亲拥有不一样的性别；还跟我自身的历史、社会和文化的政治根源有关。我与起源的关系十分复杂，甚至可以说混杂：这里我用了**起源**的单数形式，但它和单数的**女性**一样意蕴丰富。每个人与起源、与他的出身之间有一种藕断丝连的关系，我认为这份关系为每个人的命运指明了方向。但是对我而言，这正是问题的症结所在，是研究身体孕育和肉体思考的对象。如果我们不去探究势必具有双重性的上述关系，人文主义就必然是单一性别的（monosexué），因此也是不完整的（lobotomisé）。

至于我，我试图推动起源的运动，长期开展"回归-融入（régression-réintégration）"工作，而不是压抑，甚至丧失。这个过程与怀孕相似，是一种内在的活力，一种本原的运动。

至于"神秘"这个词，从厄琉息斯的秘仪①到弗洛伊德的

——————————

① 厄琉息斯（Eleusis）是希腊埃莱夫西纳的古称，在希腊历史上的古典时期（从公元前1700年到罗马帝国时期），那里是名为厄琉息斯的国家，是厄琉息斯秘仪的发祥地，主要有得墨忒耳、狄奥尼索斯、奥尔斐和普西芬妮等秘仪。秘仪的特点是不依靠语言和理性与神交往，而是靠一种不用言词的仪式、呼叫、舞蹈、歌咏与神交流，洗涤被玷污了的灵魂，以便获得再生或得到神灵的庇佑。这里也是古希腊伟大的悲剧家埃斯库罗斯的故乡。——译注

黑暗大陆，男性谈论女性时总会用到，换言之，它几乎可以作为女性坚守甚至存在的真实性证明。"女性科学"，尤其是"女学"可以用于处理、思考、简化、阐明这层奥秘，把它尽量呈现在意识层面以便理解和诠释。浪漫之梦与弗洛伊德阐释之梦有何相同之处？或许和厄琉息斯秘仪与女性科学之间的联系几乎如出一辙。

《争鸣》："五月风暴"前夕，您在做什么？

福克：我表面上是一名因病长期休假的普通语文教师，但实际上我是一名反叛者。我在罗兰·巴特的指导下开始第三年的博士学习，研究课题是先锋文学，但我最终没能完成学位论文。我是1960年从艾克斯-普罗旺斯来巴黎的，一起的有和我年纪相仿的知识分子丈夫，还有一个4岁的女儿。我们为瑟伊出版社的弗朗索瓦·瓦尔(François Wahl)工作。审读来稿的过程让我学到很多：语言学、精神分析、反精神医学(antipsychiatrie)等，此外我通过文本接触到最前沿的思想大师，包括桑吉内蒂(Sanguinetti)、贝莱斯蒂尼(Balestrini)和波尔塔(Porta)，甚至还翻译过他们的文字。我的未来道路似乎很明朗，一切都指向出版、批评和写作领域。

但我事实上很反叛。那个年代并不看重女性的经济独立、职业平等和智力。我所在行业的运转模式极其保守，现代理论化倾向也令人生畏，十分排斥女性。我无数次意识到，大学向来教育我们平等、对等、互惠等原则，其实不过是空中楼阁。生育过小孩几乎是有损名声的事。我不但感受到平等的虚伪，还产生了其他渴求。我希望以积极的方式确认自己的女性身份，因为整个社会和文明都以这个身份为由为难我。

《争鸣》：您是在这种情况下遇见拉康的吗？

福克：我确实通过弗朗索瓦·瓦尔的关系参与了《拉康选集》(Ecrits)的出版，这项工作相当繁重，耗时两年多。不仅如此，我在去听罗兰·巴特的研讨课的时候，还去听了拉康的研讨课。

《争鸣》：那么分析呢？

福克：1968年10月，我借最初几次开会的机会与拉康建立起联络。接着我于1969年1月开始分析工作，一直持续到1974年。

《争鸣》：在1968年之前，您认为自己是女权主义者吗？

福克：我从来没想过用这个词。我感觉自己是一名渴望自由的受苦女性，但是任何"主义"在我眼中都是陷阱。

我从小就开始思索女性的命运。我父亲是一名工人，我出生那年——1936年是从喜悦的胜利开始又以冰冷的失败告终。受孕日期是1月1日，出生日期则是10月1日，恰逢佛朗哥在西班牙夺取政权。我们家人口不少，科西嘉和卡拉布里亚血统各占一半，像生活在一起的小部落。除了我父母和四个孩子,还有堂叔和姨母担当教父教母。我母亲是位非同寻常的女性,但还不止这些,我成长过程中目睹过许多母亲的力量。我很早就注意到她们坚忍且勇敢,决心带我们一起义无反顾地融入。

我母亲目不识丁,她总抱怨说这是最大的不幸;我父亲能读报。他们老派、很有教养,甚至可以说很有文化修养,这与他们的地中海背景有关。我与写作的关系若即若离,最矛盾之处就在于家庭背景。(我之所以去见拉康而不是别人,就因为他写下了《拉康选集》,正如蒙田曾写下《蒙田随笔集》,而他事实上从未打算写一本书。)

我母亲对于婚后获得法国国籍深感骄傲,她认为用丈夫的科西嘉姓氏取代父亲的意大利姓氏是往前进了一步。不过她并未忘记女性谱系。我也没有。她给我取了她母亲的名字,后来我便给女儿取了她的名字。我们这四代人似乎有意在传承,形成另一个谱系,时间远早于妇女解放运动。我曾说,我是在母亲和女儿之间、女人和女人之间找寻自我的女人。

我母亲是我认识的所有女性当中最聪明、最独立的一位。她擅长通过非暴力手段争取自由,脑子转个不停。从很小的时候起,我在她身上看不到丝毫女性特征(从不涂脂抹粉,也不爱打扮,不追求优雅或时髦),但正是这样让我注意到她是个女人。我父亲深爱着她,虽然没有甜言蜜语,但他会把她喜欢的歌用口哨吹出来。他们相识时一个 16 岁一个 18 岁,自始至终保持着年轻的激情,尽管他脾气有点大男子主义。战争期间,我父亲参加罢工时被贝当政府的警察发现,还从口袋里搜出共产党党员证,因此遭到驱逐。我母亲于是成为庇护所有家庭成员的顶梁柱,就像一战期间身为长女的她照顾弟弟妹妹那样。在最危急、最悲惨的时刻,她总能想办法化险为夷,带我们远离死亡的阴影。她从不被动等待,总是积极应对。每当感觉到危险,她会评估形势并及时确定对策,然后带领我们一起行动。她一天 24 小时都肩负重任、时刻警惕,但丝毫不会颐指气使,尽管偶尔也发发火,不过大多数时间是从容愉快的状态。当我们遭到炸弹袭击,或者因为马赛老城区遭拆毁①而被撤离,她显示出真正的决策才能,细致周全又足智多谋,和尤利西斯相比也毫不逊色。

《争鸣》:"五月风暴"发生时,您是否了解美国女权运动的进展?

福克:完全不了解。我 60 年代才翻开《第二性》,并在后记中读到:"女性斗争已成为历史。"在那之前我从未介入政

---

① 1943 年 1 月,为防止抵抗组织成员在密密麻麻的老房子中藏匿和行动,纳粹在法国警察的帮助下炸毁马赛的大部分老城区,并拆除著名地标轮渡桥。战后的 50 年代,马赛老城区展开大规模重建。——译注

治。我知道我生在左翼阵营，到死也会站在左翼阵营这一边，我憎恶战争与殖民。我在工人阶层中长大成人，但对于知识分子的"良心不安"以及萨特倡导的介入，我并没有认同感。

我关注社会和政治斗争，但始终保持一定距离，好像透过一层玻璃在看。我无法全身心地参与进去，而且对和我同辈的某些人——看到高师的"阿哥阿郎"投身斗争就纷纷效仿的姑娘们，我感到厌恶。就像我姐姐，她订婚的时候让人以为她是足球迷。

至于女权运动，我当时并不知其为何物，如今我承认有些遗憾。这说明我对历史上的女性斗争缺乏了解。必须强调的是，我对各种意识形态保持怀疑，认为它们是与宗教一样危险的幻想，因此我从不自称女权主义者。后来，我努力争取不让女性运动变成"女权运动"。我的想法不一定对，但我的确认为女性一词能让我们影响到尽可能多的人。

《争鸣》："精神分析与政治"这个名称不是典型的精英主义吗？

福克：这个名称不是我想出来的，很少有人能一出生就为自己命名。实际上它指的是一群有前瞻性的人，然而在弗洛伊德称之为日常生活的精神病理学层面上，或者俏皮话、无心之举，无意识的维度并未被忽视。其次您应该记得，那段时期所有人都在谈论欲望、反精神医学、反俄狄浦斯情结，精神分析在万森纳①都不能在课堂上讲。所以谈论"精神分析与政治"并非精英主义,反倒有些奢侈。

那段时期我最想做的事之一,便是将最新锐的当代思想传播给尽可能多的人,意即跳出固有的小资文化圈。我想与加入运动浪潮的每一位女性分享,正如当初我与家族内的女性分享,尤其与我母亲;我想避开固化的阶级和象牙塔中的理想,找到一种可以抵达所有人的共同语言。但是现实往往事与愿违:有人指责我搞理论恐怖主义,用大道理压人;但指责者并非工人,而是敌视精神分析的社会学家和高校学者。

《争鸣》:"五月风暴"期间您在做什么?

福克:我和莫妮卡·威蒂格都在索邦大学。我们创立了"文化行动委员会"(comité d'action culturelle),邀请导演、演员、作家、知识分子前来:比尔·奥吉埃(Bulle Ogier)、米歇尔·莫莱蒂(Michèle Moretti)、安德烈·泰希内(André Téchiné)、丹尼尔·德洛姆(Nanièle Delorme)、玛格丽特·杜拉斯⋯⋯这只举了我记得的一些人的名字。

《争鸣》:相比严格意义上的"五月风暴"的年轻一代,当时32岁的您算得上是前辈了,自然有一定的威望⋯⋯

---

① 巴黎第八大学(Université de Paris VIII)也称万森纳圣德尼大学(Université de Vincennes à Saint-Denis),"五月风暴"过后创立,以人文社会科学和跨学科研究而闻名。——译注

福克:您是说在"妇女解放运动"阵营里？其实"五月风暴"期间，年龄根本无关紧要，在索邦没有人论资排辈，在我们阵营更是如此。当时我们都年轻美丽，多数人是第一次参加社会活动，纷纷感觉自己又小了15岁。1968年让我们找回了青春的感觉。后来我们坚决反对论资排辈，集会上不同年龄的女性同时肩并肩走在一起，高中生和克里斯蒂娜·罗什福尔(Christine Rochefort)，女工和女工程师，女儿和母亲。

《争鸣》:您是否立即适应了政治环境？

福克:说实话，如果不是莫妮卡·威蒂格一再坚持，我根本不会去索邦。除了课堂以外，我从未在公共场合发言，从这一点看，或许我和很多人都一样，造成我说话的语调和方式既激动又夸张：被压抑了太久之后，我们的反叛竟显得有些笨拙。

《争鸣》:后来如何过渡到真正的妇女运动？

福克:索邦的经历让我和莫妮卡明白，如果不另辟蹊径提出属于自己的问题，我们必将遭到操控或排挤。我生平第一次感受到投身决定性历史时刻的必要和紧迫，我的个人历史也同时上演。我需要参与，需要给别人，给自己一些东西。这场运动于我而言既是奉献也是利己，由此也足以说明我的介入与左派不同。1968年夏天，我们假期里决定了10月份的会议安排，接着利用手头资源自觉开展阅读和批评。我们学习了马克思、恩格斯、列宁等人的著作,但他们的学说并不适用。我们渴望挣脱家庭、工作、感情的枷锁,拓展主体性的空间。我们希望通过女性个体发现女性群体,首先从自我探索做起。我们试图汇入马克思-列宁-毛泽东思想的洪流,但我们努力的方式是逆流而上。

《争鸣》:您何时又更进一步,选择了"精神分析与政治"方向?

福克:几乎是立刻。因为我们也研读过弗洛伊德。必须承认他的著作令我大开眼界,当然我始终带着批判的眼光去审视。我不可能放弃如此出色的知识工具,即便精神分析革命背负着男性意识形态的枷锁,但我恰恰希望用女性意识形态与之抗衡。如果把我的活动比作航海,那我不可能放弃弗洛伊德的潜水艇,去换取某个女权主义者的摩托艇,无论她有多知名。不仅如此,我认为两者都朝着"菲勒斯岬"的方向,但是女权主义者不允许意识到这一点,或是指明暗礁所在。在我看来,如果不考虑无意识,我们很快就会陷入谵妄。选择"精神分析与政治",是因为我试图从无意识层面理解当时那些政治介入活动,并让精神分析科学的功用为世人所知:不仅在于不同的机构和学派,更在于无意识的发现和理论化。我认为这两者必须互相认识、互相置疑——简单而言,政治中有无意识,无意识中也有政治。自那以来我时常觉得,这两者好比将我带入时空世界的父母:精神分析是母亲,她的亲密带着怀疑,她的活力带着焦虑;政治是父亲,伴随无产阶级的反叛和坚持不懈的介入。这对伴侣分分合合,以便确立各自领域的独特性和对自身的认同,与此同时他能赋予她——女性——政治存在,而她能带给他——男人——梦的意识。

《争鸣》:妇女解放运动经历了一段时期的酝酿才走上广场……

福克:没错,我们用了两年时间开展高强度工作:开会、发传单、做调查……第一次公开露面是 1970 年 4 月底在万森纳大学。那在我看来是真正的公开活动,分为两场:一是在万森纳,也就是大学里面;二是在凯旋门,主题是"纪念无名战士的无名妻子"。活动举办时我不在场,这并非偶然。当时有为数不多的媒体宣传,三位公众人物前来助阵。两场活动让我们看到运动发展道路的分歧。

公开活动过后,万森纳大学邀请我去教一门课,我接受几个人合上。自 1970 年开学起,我们也在万森纳召集会议,活动范围因此进一步扩张,妇女运动像滚雪球一样越滚越大。其他一些小团体也加入了我们。

《争鸣》:您见到了西蒙娜·德·波伏瓦?

福克:她在很长时间对我们的运动持怀疑态度,但还不至于抱有敌意。与她会面起初是女权主义者们的主意,不过倒是她主动约见了几位她口中的"领头人"。我其实很不情愿，因为我不理解为什么要去。她让我们讲讲对妇女运动的构想。

当时萨特很支持左倾主义，或许他希望妇女事业的阵地上也有相呼应的活动。他可能向波伏瓦解释过这样一场起义的重要性，正如他完成《关于犹太问题的思考》(*Réflexion sur la question juive*)后敦促她创作《第二性》(*Le Deuxième Sexe*)。我们天真地表达了我们的希望和梦想。我谈到自己的女儿，也谈到拉康、巴特、德里达等。我尤其欣赏德里达的思想，也喜欢他文中涉及的学者的著作，包括勒华-古杭(Leroi-Gourhan)和布朗肖。看得出来，我的表现未能令她满意。我很敬重西蒙娜·德·波伏瓦的才学，也尊重她执意留在萨特身边的决心，但是她的伴侣生活在我看来既不是好榜样、也不令人羡慕。我曾经颇欣赏她的小说《名士风流》(*Les Mandarins*)，但看到一帮厌女症的知识分子将她当作笑料，这让我很不好受。但我当时想不明白，像她这样不屈不挠的道德卫士，有如此高度清醒的意识，为什么战争期间没有参与抵抗运动呢？当我们被德国占领时，她除了骑车出游、去马赛的小海湾攀岩，也就忙着在伽利玛出版一些书稿——要知道伽利玛出版社当时也在纳粹控制之下。最后一点，虽然没有人明说，但我的一项提议显然使自己成了众矢之的：我希望妇女解放运动采纳精神分析科学作为讨论性别问题的唯一话语形式。没过多久,女权主义者就在会议上叫嚣要清算我,恨不能将我的首级戳在长矛上以泄心头之愤。至于西蒙娜·德·波伏瓦,她们忙不迭以她马首是瞻①,请她领导她们的杂志《坚守的女性》(*Les femmes s'entêtent*)②。

许多人感觉经历了一场"收购"(O. P. A.),我们的活动阵地被女权主义者侵占,或者说成为她们的殖民地。但我们仍坚持反对"革命的女权运动"③的说法,始终保留"女性"与"自由"。其实我不愿意谈及西蒙娜·德·波伏瓦。有时人们认为,在一场坦荡的战斗中,敌人的强大是我们的荣耀;而我常说,对手不正当的攻击让我感到可耻。

《争鸣》:"女权主义"这个词引发的分歧究竟为何?

福克:近年来有种说法,我们的运动实际追求两个不同方向,一是平等,二是身份。首先我要说明,这里的身份

---

① 为了能继续进行"不同"的思考,我不仅要克服来自西蒙娜·德·波伏瓦的压力,还要面对所有以女权主义之名将她视为精神领袖的那帮女性。

② 杂志法文名为 *Les Femmes s'entêtent* 隐含了一个文字游戏,法语读音会让人有不同的理解和联想:一意孤行或固执坚守的女性(*Les femmes s'entêtent*),无头女性、群龙无首的女性(*Les femmes sans tête*),百头女性(*Les femmes cent têtes*)。杂志名也影射了当时女权主义者群龙无首、但还是把波伏瓦当作精神领袖的状况。——译注

③ 1970 年秋,妇女运动阵营的女权主义者集会并发布"为了女权革命运动"的宣传材料。

(identité)是认同他者的独特，而非认同一致(identique)。

很多人认为，既然两性的差异和不对等导致性别歧视，那么与压迫作斗争的最佳手段便是消除差异、否认不对等。在我看来，这等于把孩子和洗澡水一起倒掉。女权主义口号喊了一句又一句："二人行必有一女"，还有"女人和男人一样都是人"。似乎排斥的对立面就只有同化。和当代的先进思想相比，这种绝对类化和抹杀差异的尝试在我看来是属于精神分析科学诞生之前的陈腐观念。

平等概念尚且含混模糊，必须带到工作和运动中去。当初极力鼓吹融入的那些人，如今也认识到局限性所在。我可以说正是平等奠定了差异的基石，或者说进一步推进了差异——平等是将来差异的推进器。而差异阻碍了平等的实现。它们之间的关系近似于意识和无意识。意识是冰山一隅，平等同样是差异的可见部分。没有无意识的意识不过是知识陷阱，没有差异的平等也只是一厢情愿的理想和虚妄。

鉴于我们正在质疑和讨论相关主题，我最好不使用身份一词，免得语义混淆。身份容易让人想到一致和相同，但实际恰恰相反，它强调摆脱雷同，注重每个独特个体。个人主义女权运动似乎是"人人为己，模式统一"；而我们的渴望和理想则是"一起行动，各有特色"。

《争鸣》：您如何回忆这段分裂与论战的时期？

福克:实在可怕,尽是残酷的回忆……我的对手通常不愿和我讨论,理由是辩来辩去最终都是我有理。我从不超出妇女解放运动的范围去回应外界的攻击,只有一次例外:有人后来以女性出版社为由头,指责我们是偷鸡摸狗的犯罪邪教团伙。但我依然拒绝把它当作一桩私事来处理,而是委托乔治·基耶日曼①通过司法途径解决。这段时期矛盾很尖锐,但话说回来,政治冲突向来如此。我经历的巨大痛苦并不亚于遭受炮弹袭击的日子,我失去了身体的最后一点行动能力,但同时也学到许多东西。

精神分析工作使我得以避免陷入仇恨或恐惧,帮助我将所经历的事情象征化,游刃有余地面对一切,从容地活下去。正如许多参与者自己解释的那样,"女权主义者"的名称给她们从属于某一群体的团结感,这种强烈的"自我"面对精神分析方法必然感到不安。我们的问题可能会让她们产生动摇,因此她们才吵急了眼。但是女性为什么一定要抹杀攻击性、暴力和仇恨,不由分说地一头扎进不分青红皂白、最令人担忧的、斯大林式的和平主义呢?

《争鸣》:您与拉康的分析工作是否和上述经历相互交织?

---

① 乔治·基耶日曼(Georges Kiejman, 1932—):法国知名律师、政治家。——译注

福克：我刚才对您说过，分析工作帮助我在外围"游荡"，避免钻进左倾-女性主义的死胡同。很多别人视为高尚正确的理念在我眼中极其扭曲，精神分析帮我避开了形形色色的无谓幻想。它使我保持旁观者清的状态，往往安静地待在角落里，这个过程尽管有些痛苦，但我毕竟收获颇丰。可惜其他人认为这样不对，说我的研究和"精神分析与政治"不符，以为他们面对的是新的学派。其实是因为他们自己抱着主流教条不放而已……

《争鸣》：不过，弗洛伊德学派①自身似乎就聚集了一批盲目的拥趸？

福克：跟随拉康从事分析时，我总是直言不讳地提出批评。我想他也希望我如此，这有助于推动他的工作进展。如果不是因为妇女解放运动，他不会写《再来一次》（*Encore*）。我坚持听他的研讨课，他在圣安娜医院的病例报告会我也去参加——那是临床医学内部研讨课，拉康亲自安排我去听讲。但正如我不愿意加入任何党派，我也从未考虑加入弗洛伊德学派。我原本就很胆怯，忍受着病症与痛苦，更别提让我加入声名赫赫的机构、接触那些不怒自威的大人物。

在法律框架内建构属于我们自己的法律，唯其如此才能

---

① 雅克·拉康 1964 年创立的精神分析协会，1980 年解散。

34

改变女性被法律拒之门外的处境——不仅受到排斥,甚至一度丧失许多权益。完成这项任务有大量工作需要去做,我们感觉自己那么渺小、青涩又笨拙……似乎稍不注意就容易产生内讧。我们希望发起一场思想辩论,哪怕是争吵也好。但很多小集团想挑起一场你死我活的权力斗争,只不过我们根本就没有这样的权力——不仅当时没有,将来也不可能有。除了西蒙娜·德·波伏瓦:60 年代她被男性知识分子当作笑料,后来摇身一变成为难以逾越的思想高峰,就像那些跟蜜蜂一样围着她转的记者粉丝们写的那样。那段时期像极了令人眩晕又欢乐的海盗船,惊叫和喧闹之余,关于人生和历史确实能学到很多。

《争鸣》:1970 年创刊的《火炬燃烧》(*Le torchon brûle*)[1]引领了一批期刊杂志的出版,尤其是推动了后来争取堕胎合法化的斗争,这是妇女解放运动最知名的事件,自然无需赘述。但我仍想提一个问题:1971 年 4 月的《343 人宣言》[2]之所以引起强烈反响,不恰恰要归功于您所反感的媒体宣传策略吗?

---

[1]　妇女解放运动的首份报纸,1971 至 1973 年间总计发行 6 期。

[2]　《343 名荡妇宣言》邀请到 343 名知名和不知名的女性署名支持承认堕胎、推动法国实现堕胎合法化。而当时堕胎在法国还属于违法行为,会受到法律的制裁。——译注

福克：这我承认。当时我就立刻就意识到了。如果是我负责，的确不会那样去引导。是女权主义者想到邀请名人签署宣言，她们是学了左翼阵营的做法。事实证明效果不错，但这并不能打消我对媒体的不信任，毕竟我吃过他们的亏。我的构想有点过于理想化。我不是有意要躲藏，但我希望可以不必抛头露面。我梦想让思想和行动并肩前行，走得虽慢但稳。总有人在幕后默默耕耘，也有人在台前风光无限，我认为应当尽量缩小两者之间的差距。如果有名人参与我们的斗争，我当然感到高兴，但前提是此人带来的价值超过从中获取的利益。我最担心他们根本不是有心介入，这样带来的增值只会将我们的运动变成资本的工具。我们的确面临这类自恋的投机活动，因为现如今不单是银行，媒体也可以通过各类组织和集会发放"信用卡"。必须警惕通货膨胀和信用泡沫，自恋自赏的后果可能是市场崩盘！我并不否认媒体的重要性和正当性，但是从那之后，媒体反过来要求我们，用新的固化形象挟持我们。而我并不想轻易地落入圈套，这一点毫无不妥。我不仅署名支持这份宣言，更积极参与了争取堕胎自由和免费①的斗争。

《争鸣》：薇依法案通过之后，您想进一步拓展运动的胜利

---

① 指的是自愿流产的费用纳入医保，不用个人自费。——译注

成果,于是创办了女性出版社,是吗?

福克:这是我自运动开始以来的梦想。反抗、推翻压迫的斗争毕竟是有破坏性的,虽然很有必要,但取得的成果不尽如人意,非常局限且毁誉参半。我署名支持堕胎宣言,更多是出于团结和信念的考虑,因为薇依法案对所有女性至关重要①。但就我个人而言,我不可能选择堕胎。我一开始就想要创造和构建,希望开辟积极正面的路径。我想强调女性的创造力,想让世人看到,是女性丰富了文明,她们不应该被压迫在封闭的社群里,仅仅担负操持家庭的任务。我想通过出版让我们的运动走向大众。除了出版社以外,我还梦想在街上开一家书店,不仅仅面向女性读者,也面向男性读者。我很清楚,即便再公正的出版社在筛选来稿时也会偏向男性作者。女性出版社的第一部作品是之前曾经被好几家出版社退稿的作品。如您所知,我们的出版工作非但没有引起女性的感激、男性的欣赏,反而招来不少嫉妒。在那段艰难的岁月里,我估计只有弗朗索瓦·马斯佩洛(François Maspero)有过和我们一样的煎熬。但现在回想起来,平心而论,当时并没有第二条路可走。

---

① 尽管 1982 年推行的自愿终止妊娠免费化才真正让大多数人能享受该待遇。

《争鸣》:您如何总结女性出版社的事业? 当时人们探讨要推广"女性写作",您对此有何看法,如何评价它如今的成果?

福克:乐观些讲,现在还不是做总结的时候……最近 10 来年对于出版人实属不易。至于"女性写作",这个说法同样不是来自我们。我想它应该是英语 *female writing* 的法文翻译。但是在最近几个世纪里,法语中 femelle(雌性)这个词已经不用于形容人类;换句话说,女人失去了性别完整性。之前几千年,她被彻底禁锢在自己的子宫里,现如今却发现连子宫也失去了。她只是性别指称,是菲勒斯一元论的另一种隐喻。雌性人类已经被排除在我们男权至上的语言体系之外。由此,从异装癖者到诗人,女性成了许多男人赋予自己的性别,"想象的跨性别"(transsexuel imaginaire)。人们可以从里尔克和兰波的文字中读出女性气质。这并不简单……每个人生下来就是女孩或者男孩,但确立其性别的除了出生还有话语。我们的经历和所作所为时刻受到这种生理决定性的影响。无论对于男人还是女人,生理即命运。身体向语言及其幻影施加限制,然而我们的话语和写作同样时时刻刻产生反作用,即顺从或反抗这些限制。

生下来是女孩或男孩,随后成长为女人或男人,也可能是男性气质的女人、女性气质的男人;因此写作永远不会是中性的。先天的生理性别在日后可能被确立，可能被推翻，还可能被再次确立。性别特征的差异将证实或推翻生理性别的差异。写作作为性别主体的体验，又怎么可能是中性的呢？我们并非本末倒置，只是打了一个不确定的赌，猜想女性写下的文字能用语言表现一种……不妨说一种性别差异。我们绝对没有先验性地宣称存在一种"女性写作"。米兰·昆德拉在《小说的艺术》(*L'Art du roman*)中思考如何将 bander① 这个词从法语"私带(contrebande)"到捷克语，或者从捷克语"私带"到法语中时，他在谈论什么？有何所指？拉康也说："语言只想着这个。"可是"这个"又是什么？bander(勃起)？那么女性如何获得快感呢？几千年以来，男性一直关注他们菲勒斯力比多的象征和书写。我记得皮埃尔·居约塔② 写过一篇妙文，题为《另一只手在晃》③(l'autre main branle)。或许要再等几十年、几百年，女性作者才可能写出与之媲美的文章……

从另一方面来看，女性写作这块奶油蛋糕被当成极具杀伤力的武器扔到一流作家脸上，然而这些作家早在妇女解放

---

① 法语 bander 的本意是用绷带包扎，也有被拉紧的意思，口语中常指阴茎勃起。法语 contrebande 是走私、偷运的意思。——译注

② 皮埃尔·居约塔(Pierre Guyotat, 1940—　)法国作家和剧作家，作品常常引起争议，代表作有《五十万士兵冢》(*Tombeau pour cinq cent mille soldats*)、《伊甸园、伊甸园、伊甸园》(*Eden, Eden, Eden*)等。——译注

③ 暗指男性自慰。——译注

运动和女性出版社出现前就已提起生花妙笔。举个例子：埃莱娜·西苏(Hélène Cixous)凭借小说《内心》(*Dedans*)获得1969年"美第奇文学奖"，该作品已经包含她后来写作主题的雏形。

《争鸣》：妇女运动现如今的发展状况如何？它显然受到"五月风暴"话语集体退潮的影响。

福克：妇女运动诞生于"**五月风暴**"的浪潮，迎着左倾主义的势头逆流而行，最终大大超越了"五月风暴"的规模，一如它目前正在和80年代的回潮作斗争。不用我说您也明白，这样大规模的风云变幻不会只持续10年、20年。问题不在于改变(从某一种变成另一种)，而在于人类的发展危机。我们如今处于"文明的不满"(malaise dans la civilisation)当中，这是从一个阶段迈向另一阶段的过渡时期，女性身不由己地被裹胁进去，成了他者疯癫的症状。这也是萨尔曼·鲁西迪[①]的遭遇。在既定的时刻，我们凭借现有的力量尽力而为，历史能接受什么程度，我们也只能做到什么程度。或许会给人倒退的感觉，但那只是假象。事实上仍然有新道路被开辟，新的灵

---

① 萨尔曼·鲁西迪爵士(Sir Salman Rushdie, 1947—　)：英国作家，出生于印度孟买，14岁移居英国读书。其作品风格往往被归类为魔幻写实主义，作品显示出东西方文化的双重影响。代表作有《午夜之子》《羞耻》《撒旦诗篇》等。——译注

感源泉被发现。未来将会出现前所未有的书写方式，而它们能够书写的内容对于今人尚且无法辨识。女性继续在前进，只不过有时会以退为进。1974年弗朗索瓦丝·吉鲁(Françoise Giroud)成为首任妇女部长，女权主义运动上升到国家政治层面，10年、15年过后，最早一批先驱人物已经可以退场。她们的离开甚至关重要，唯此才能避免老生常谈，妇女运动才能获得新的印记。她们当中大多数确实这样做了。

如今可以很明朗地看到，这场文明运动里有不同类型的抵抗：主观的、客观的、精神分析的、情感的、政治的、自恋的……无论是在政治还是分析层面，抵抗的功能十分复杂、多面，是一个健康的成熟过程的一部分。

开辟通往象征化的道路错综复杂，与"升华"一词相比，我更喜欢使用"象征化"。创造与发明必然互相矛盾。弗洛伊德用半个世纪将谈话疗法理论化，他在生命的最后几年患上颌癌导致无法说话，讲座只能由女儿安娜——他的"安提戈涅"——替他读稿。

您之前说想听我的个人事例，我可以说，我参与运动和身体瘫痪绝非没有关联，尽管我从未混淆社会活动能力和生理运动机能。我得的是先天疾病，呱呱坠地时就已在我体内，甚至更早。之前倒是一直处于潜伏期，但就在我完成学业之时，由于打疫苗加强针诱发了病因，神经科医生警告说我很快就要不得不坐上轮椅。我将这个时间往后推延了30多年,期间为了适应"正常"的生活付出了极大努力。当然,精神分析工作带给我不少帮助,但有时候可能也让我变得更"宅"。妇女运动耗费我许多精力,但也给我带来很大的精神支持。最后我想说一句,口渴教会人喝水,行动受限则教会我运动。

毁灭性力量来自外部。内部对话固然困难,但是传承问题激化了我们的矛盾,导致了灾难性的后果。人们都知道,兄弟情谊说不准哪天就可能变成手足相残。但是谁也没有想到用社会党来做借鉴,社会党内部各派别争强斗狠,只有在对付右翼时才一致对外。但妇女运动的情况不同。我们内部有分歧原本很正常,但却被用来让我们失去信誉,似乎我们的一言一行都可能反过来变成针对我们的利刃。厌女症阵营有理由打击我们,因为他们的利益受到巨大威胁。但我们万万没想到居然人数那么多,且在女性的阵营里也找到了那么多同谋。每个小团体和党派都企图操控我们,让我们为他们所用。每个组织都戴上一顶女权主义的帽子:或许正表明这种意识形态在政治和象征的层面上都依赖菲勒斯结构。1789年大革命以来,平等就像远方地平线上的海市蜃楼,承诺一处虚无缥缈的乐土,但它依托的阶级斗争骗局已经不再有人相信。

《争鸣》:或许从某种逻辑出发,我们可以善意地认为,与其让性别身份将女性禁锢在生理决定论中,倒不如让两性类同的观点给她们带来更多自由。

福克：为什么生理决定论会继续禁锢女性呢？一旦我们掌握了生育权，情况不是正好相反吗？再者，如果生理结构就是命运，对于男性而言同样如此。现实原则无法忽视先天因素，但是正义的社会不应滥用它。平等和差异缺一不可，不能顾此失彼。如果为了差异而牺牲平等，我们将倒退回反革命的传统旧社会；如果为了平等而牺牲性别差异及其带来的生命的财富，我们将剥夺女性的创造力、让全人类贫瘠无比。我们不让自己达到象征生殖阶段：应从隐喻角度理解，而非器官角度。**才华**（*génial*）和**生育**（*génital*）其实别无二致，不是吗？承认一位学者或艺术家的才华，就是欣赏他的创造力：生产栩栩如生的符号，创造一个形式或元素，一个唯有他才能创造出来的独一无二的存在。长久以来，这些"天才"谈及他们的作品时，总会引用生育作为隐喻。在我看来，平等观念直到如今都没有令人满意地发挥作用。放在过去，我可能会说它过于理想化。在与拉丁美洲和马格里布地区妇女并肩斗争时，我们从未觉得它是个恰当的模式，除了在社会层面上；不仅如此，如今女性在法律保护下享受工作平等，却意识到生育任务的不对等成为她们的负担，可惜当初人们对这一点视而不见。迟早有一天，我们有必要将生育活动视为"创造会说话的生命"，承认它是女性给人类社群带来的重大财富，而且对于女性自身而言,它不仅是生理-性心理成熟的表现,更是自由实现渴望的可能性。这才是大多数人的现实情况,如果其中某些女性——在不用做出任何牺牲的前提下——成为作家或总理,那自然更好。

《争鸣》:难道不是妇女运动获得了巨大的社会成功,导致参与者认为可以功成身退了?

福克:您说的或许没错。尽管发展势头减缓,但将来人们回顾历史时,会承认妇女运动确实取得了成功。然而根据官方文件(联合国教科文组织报告)、民意调查和媒体分析[①],结果却显示出女性境况的倒退,她们相比过去受到更多排挤、威胁和镇压。面对妇女运动的开展,处处出现了抵抗、或者说反运动的势头。紧随厌女症的压迫而来的是对女性解放的镇压。看到女性新近获得的自由,我们社会里的根深蒂固的、可操控的禁忌又恶狠狠地反扑上来。媒体成天向我们报道一个个霸道苛刻的弑父/母之子:38 岁的某男性侵 68 岁的母亲;

---

① 主要参考文件:联合国教科文组织第二十五次大会,巴黎,1989 年;消除女性歧视委员会年度会议,纽约,1990 年 1 月 22 日至 2 月 2 日。媒体文章包括: «Egalité professionnelle, pas de passe-droit pour les femmes», *Les Echos*, 1989 年 8 月 21 日;«Participation des femmes à la vieparlementaire : un recul général», *Profession politique*, 1989 年 12 月 18 日;«Un bilan des plans d'égalité professionnelle», *Le Monde*, 1989 年 10 月 19 日;«La formation des femmes reste en plan», *Libération*, 1990 年 5 月 8 日;«Les statistiques de la honte», *Le Monde*, 1991 年 1 月 29 日。

36岁的某男状告母亲遗弃自己;某个年轻男子谋杀女友,只因妒其事业比自己成功……诸如此类,不胜枚举。犯罪行为被打上了性别的色彩。男性害怕女性,因为他们想继续留在无所不能的幼稚梦想里。女性之所以恐惧是因为她们有生命危险。再者,从阿尔都塞[①]到博兰[②],后者是杀害年迈妇女的连环凶手,但每次犯罪事实都因被鉴定为疯癫所致而不予追究,而且还有像卡尔兰(Karlin)这样的记者为其呐喊助威。一边是疯狂的罪犯,一边是激情的艺术家——儿子"认同"其他儿子,不论是他们的野蛮行径,还是他们的逍遥法外。

女人挣脱儿子或许比挣脱父亲更难,我认为没有真正的父亲。她轻易落入伊俄卡斯忒式(Jocaste)的处境,难逃俄狄浦斯的所谓激情。为杀人者赎罪是她无法拒绝的诱惑:这是逃避阉割情结的女性方式。这种做法倾向于生下一个男孩,把他当成菲勒斯发疯般地死守着他,把自己封闭起来,自我放逐,而不是生下一个男孩让他走向自己作为男人的命运。

---

① 1980年11月16日周日一早,巴黎高等师范学院公寓内冲出著名哲学家路易·阿尔都塞(Louis Althusser),他身穿一件睡衣跑向前院,大叫"我杀死了我的妻子,我勒死了埃莱娜!"事件迅速传遍巴黎,但由于阿尔都塞很早之前一直在接受抑郁症的治疗和精神分析,他在圣安娜医院接受了3位专家医学鉴定,法院最终作出了不予起诉的裁决。——译注

② 博兰(Thierry Paulin, 1963—1989):是一个专杀年迈女性的连环杀手,1987年,他承认杀死了21名女性,司法认定的有18名。——译注

《争鸣》：回到"五月风暴"的话题。如今再回首，您如何理解那场运动？您认为妇女运动在其中处于什么位置？

福克：我所经历的"五月风暴"是一场真正的革命，时间过去越久，我越这样认为。那是跳出资本主义时代的一次跨越，如今资本主义在全球范围内只待完成——更确切地说是只待结束。无论对自由主义还是马克思主义而言，当时已是经济决定论的最后阶段。第五共和国之父戴高乐下台：他所创立并出任首届总统的第五共和国却充满王权意味，旧制度消亡了近 200 年以后，人们突然明白戴高乐不过是它的儿子。并不存在父亲。"五月风暴"是儿子们首次聚集起来，自由-平等已经成为过去，从此进入博爱①时代。自恋-菲勒斯的诉求在各种墙面上随处可见。您或许记得，有两张海报分别写着"权力在枪杆上"以及"权力在菲勒斯上"，而索邦、拉丁区、万森纳的墙上画了不少勃起阴茎的涂鸦，称得上是左派的自画像，如同年轻的那喀索斯②或者年迈的普里阿普斯③（Priape）。我坚持认为人们忽视了左倾主义的普里阿普

---

① 博爱（fraternité），常译作友爱或情谊，词源上来自"兄弟"的词根。法兰西格言即"自由、平等、博爱"。——译注

② 那喀索斯，对水中自己的倒影发生爱情、憔悴而死的美少年，死后变为水仙花。因此，此词亦有"自恋"一意。——译注

③ 希腊神话中的生殖之神。——译注

46

斯特性。

　　所谓的性器期①与自恋地抬高阴茎价值密切相关,它形成如下逻辑:对男孩而言,唯独与他一样拥有尊贵器官的人才值得敬重,那是他的重影、倒影、孪生、兄弟,用今天的话讲就是哥们儿。身份高贵的人自然得到认同。**黄金男孩**(*golden boys*)兼具黄金和菲勒斯:前者离不开后者,后者制造并吸引前者。菲勒斯主宰黄金,这是如今的情形。

　　弗洛伊德所谓的"菲勒斯至上(le primat du phallus)"对两性而言,关键之处主要是在自恋层面。因此我们可以称之为自恋-菲勒斯逻各斯。弗洛伊德说,菲勒斯的无所不能、无处不在也可以由勃起状态的阴茎符号来表现,就像杵在所谓的女性或母亲阉割前面的一座持绝对否定意义的"纪念碑"。随着商品化的普及,人们越来越习惯展示"漫游物品(objets nomades)",即他们拥有的小玩意,如同装在身体上的义肢。之所以说有绝对否定的意义的原因是,她(女人-母亲)怎么可能被阉割呢? 毕竟除了在他,在"男人-儿子"性倒错的想象

---

　　①　弗洛伊德认为,人格的发展主要是本能的发展,根据动欲区的不同,他将人格发展分为 5 个时期:口唇期、肛门期、性器期(也称生殖器期)、潜伏期和生殖期。性器期是弗洛伊德划分的人格发展的第三阶段,约发生在 3—6 岁。他认为此阶段儿童的兴趣在于生殖器,喜欢抚摸或显露生殖器并有性欲幻想。——译注

中，她事实上从未拥有过阴茎。

菲勒斯是徽章、图像、主宰符号，是那喀索斯整体的综合对等物。当女人被剥夺了"自己的力比多"，就要忍受它的霸权，顺从它的经济发展模式。如果她不满足于充当厄科①(Echo)，就会别无选择地要通过菲勒斯这条道路表达自我，但必须付出牺牲身心完整性的代价。她将付出身体，更准确地说，她被敦促出让自己的身体作为抵押，进入一种病理状态。她自己或他者会将她当作菲勒斯，当作灵与肉的菲勒斯：对于很多女影星和女模特而言是她们像方尖碑一样竖起的身体，对于不少女作家或女部长而言则是圣灵-圣父-圣子。菲勒斯式的自恋原本与女性无关，然而被它困住的女性就这样成为它最完美的病症，无论她是否佩戴头纱。

基督教遵循子权制，是一门崇尚儿子的宗教，或者可以说是儿子的一神教。不难想象在这样的环境下，女性地位不容乐观，一群兄弟在一起最容易排斥女孩。女儿如果把自己当成儿子，也能扮成女儿子(*filses*)，但是这种对等依然是假

---

① Echo 本意为回声，同时也是古希腊神话中一位水泽神女的名字(中文译为厄科)。古希腊神话中，水泽女神厄科爱上了美男子那喀索斯。但由于她只能重复他人话语的最后三个字，她无法正确地向那喀索斯传达自己的爱意，使得后者认定这个姑娘是个轻浮之人。厄科羞愧难当，怀着悲痛的心情躲到了山林深处，最后憔悴而死。——译注

象。只消感受一下左翼团体内女性受到的贬低就能明白,她们曾向"妇女解放运动"的人抱怨,希望能逃脱所背负的危险身份。法国极少有女性与暴力集团联手或支持恐怖活动。"直接行动"(Action directe)的女权主义者确实来砸过一两回女性书店,死亡冲动毕竟是人的本性,直指人性深处;然而不仅是"精神分析与政治",整个妇女运动都非常重视对暴力氛围的遏制,虽然无法压抑和否认这种冲动。

我从来不认为"主要敌人"是父权制,不过我现在仍然认为主要对手是子权制。弑父之后,儿子、兄弟聚在一起构建民主,首先便要彻底排除女性。这是个双重单性化的社会,象征力量的徽章再也不单纯是黄金。菲勒斯险些成为更具杀伤力的本位货币。这是我们的运动希望接受的挑战。

《争鸣》:事情的进展是否验证了这一预判?

福克:完全如此,甚至比我担心的更严重。兄弟联盟的计划虽有进展,但被妇女运动拖慢了脚步,尤其多亏社会主义阵营充当中流砥柱。然而对方很快展开报复,镇压远没有结束。我们和"五月风暴"一起进入生殖器期之前的一个阶段。眼下的自恋时代非常关键,既让人看到进步的希望,预见到一个注重图像的文明,与媒体时代交织在一起;与此同时,一经滥用也会通过孤立和过度认同造成致命的危险。图像高于一切。拉康1936年写下一篇很有预见性的文章,题为"论镜像阶段"

(Le stade du miroir)。1968 年，我们进入一个全新的力比多结构，即弗洛伊德早在 50 年前阐发的自恋癖。赫希曼①(Hirchman)探讨的"激情与兴趣的时代"(l'ère des passions et des intérêts)已经过去，如今是权力、身份、主权的时代，是绝对王权的自恋式民主化时代：罗伯托·罗西里尼(Roberto Rossellini)60 年代拍摄的影片《路易十四的崛起》(*La Prise du pouvoir par Louis XIV*)已经悄然宣告，太阳王之后的时代属于明星之战。这是自我的年代，一切都如同自动贩售的商品，自我制造、自我展示、自我宣传。我们将生活在表象中，所有人悉心展示自己，极力包装自己，反而忽视了自我完善(*self-building*)。无论是登山还是写作，从前属于个人私密的活动如今都要搬到电视上去秀。最近 15 年，所有追逐文学荣誉的作家，在电视节目中都必须紧紧围绕一个主流话语，所有人深陷于单一化的标准，等待大放异彩的机会。贝尔纳·皮沃(Bernard Pivot)性格中并没有称霸文化圈的野心，尽管过去有几个自尊心受过伤害的人曾经控诉过他，但毫无疑问他的名声很大程度上是捧出来的。

《争鸣》：看来您对我们的未来并不乐观，甚至有些悲观？

---

① Albert Hirschman, *Les Passions et les intérêts*, Paris, P. U. F., 1980.（《激情与兴趣》）

福克: 我确实认为,在这个被儿子和图像操纵的世界里,21 世纪将会排挤女性以及一切差异,即便所有人将融入挂在嘴边。说到底,19 世纪把平等放在首位,而它实际上不是冲突最为激烈的世纪吗?

《争鸣》: 弗洛伊德曾用他自己的语言表达了一个普遍的偏见,他不是也把自恋情结按在女性身上吗?

福克: 在我看来,他是错的……原因很简单,他并不知道一个女人的角色可以完全不同于"儿子的母亲"(被子嗣看做菲勒斯),或者父亲的女儿(*作为女孩的菲勒斯*①)。乔治·德弗罗(Georges Devreux)的表态更彻底:鲍波②(Baubo)在展示性器官时③立刻被归到菲勒斯那边。因此女性的身体但凡没有遮掩,就会被视为在展示,就属于菲勒斯的范畴,从而有了自恋的意味。注定逃不出菲勒斯时代,女性只

①　Otto Fenichel, *The Psychoanalytic Quarterly*, vol. XVIII, 1949. (《精神分析季刊》)

②　Georges Devereux, *Baubo, la vulve mythique*, Paris, J. G. Godefroy, 1983. (《鲍玻,神话的外阴》)

③　鲍波是跟得墨忒耳有关的神话人物。据传说,得墨忒耳的女儿珀尔塞福涅在西西里的恩纳采花时被冥王哈底斯掳走作妻子。掌管生命、农业和丰收的女神得墨忒耳知道真相后四处寻找女儿下落来到人间,在厄琉息斯,化身老妪的她被带到刚喜得贵子的王后那里当奶妈,但失去女儿的得墨忒耳在喜得贵子的王后面前黯然神伤,不吃不喝,使女鲍波掀起长袍,露出她的裸体(也有一说是伊阿谟巴用粗俗的笑话)逗乐了女神,女神终于答应照看小王子。鲍波的行为后来在厄琉息斯秘仪中也有所体现。——译注

能用佩戴头纱来避免有性暗示的展示，这是新时代的割礼。我们进退维谷。但这个问题值得深入探讨，一时半会儿无法言尽。

《争鸣》：具体来讲，读图时代跟男性形象的变化有关，对男性形象普遍的解读有女性化的趋势。

福克：男性特征与女性特征在某种意义上是同卵孪生的一对，它们互相欣赏、互换角色，以一种性倒错的模式交流，拿性别做文章，但并不是真的和性有关系。女性特征更像是一种男扮女装。同性恋者，比如时装设计师，渴望一种理想化的女性特质，并进行自我投射。您刚才提到女性化，我们如今正处于假的性别差异时代，这对许多女性造成极大限制：必须让自己像一个装扮成女人的男人。我们没有摆脱替身的身份：两性的关系不是 A 和 B，而是 A 和 A'。

《争鸣》：您先前将"菲勒斯"与"那喀索斯"联系在一起，能否请您具体阐述两者的关联？

福克：在这个情欲与菲勒斯经济相去甚远的阶段，以爱秀、爱暴露、爱顾影自怜、女性身体的消隐为特征，菲勒斯成为所有可觊觎之物的象征，很难将它与勃起的阴茎区分开来。正如在资本主义阶段，我们面对的是"粗鄙的菲勒斯情结"，随处可见淫秽下流的阳具形象，简直走向了极端。在木偶戏电视节目"愚人秀"(Bébête Show)①当中，马西(Marchy)和庞卡辛(Pencassine)这两个卡通话的人物代表乔治·马歇(Marchais)和让-玛丽·勒庞(Le Pen)。依然没有女性的身影，即便出现也是被扭曲的形象。总之是在没有女性之处展示女性，在她们所在之处禁止其发声。这也是最早期戏剧的情形。女性与阉割无关，但儿子拼尽全力反抗，生怕成为被阉割的对象，而作为阉割症状的女性则被隐匿。晚间八点黄金档的新闻节目几乎再也看不到女主播的面孔。

美国心理治疗师和高校学者的口号是"让别人看见自己"(be visible)。在此之前拉康就告诫学生："让别人了解自己。"于是我们看到新的一类人出现，其自我包装的方式除了健美健身(body-building)，还有自我完善(self-building)。这或许会成为一种很难摆脱的需求，为了不让自己陷入越来越严重的躁郁症和妄想症。

《争鸣》：面对这样的未来世界，相信您不会无动于衷，那么该怎么做呢？

福克：应该可以借助思辨和精神分析的回归，我们可以抢先时代一步，而不是亦步亦趋地跟在它后面。因为和以往一

---

① 一档热播的法国充满政治讽刺意味的木偶戏节目，1982年到1995年在法国电视一台播出，平均收视率达30%。——译注

样,历史不会只有一个声音。更何况自恋之风也并非刚出现一两天。它体现的是一种长期潜伏的趋势,只不过在历史的某一时期,之前的潜在现象集中显现、真实发生并主宰历史进程。我认为"五月风暴"清楚地揭示了这一点,而且从这个意义上说,"五月风暴"的确是一场革命。我们见证了自恋之风盛行,但它的发生并不完全是坏事,或许这预告了更优越的人文主义即将到来,我们已经可以开始设想这种新文明。与此同时,我们也可以着手对生育进行理论化的建构,试图超越自我内心的矛盾。**生命的孕育**是三方参与的:一阳加一阴产生一阳或一阴。这里的三方参与被曲解为三一论:一体有三,三位一体。如果我们能揭穿这样的机制,如果我们能明白它们为何排除一切异质,那么我们便能够正确地思考生育问题,由此终结"黑暗大陆"的迷思。必须发明一种温和有度的自恋。我们能够限制菲勒斯情欲的危害——我用危害去形容灾难的另一面,自恋的泛滥,以及矫枉过正的僵化的菲勒斯体系,需要做的是让菲勒斯的力比多经济发挥作用,并开辟专属于女性的力比多经济的认识论领域。这样我们便能步入两性文明的未来。

人生而有两性。如果历史想配得上它拥有的理想,就应将这一事实作为第四大原则补充在自由、平等、博爱之后。妇女解放运动从兴起之初就承载了第四项革命,我过去称之为

"象征领域的革命"（révolution du symbolique）。

我们可以想象在男性科学以外再开创一个认识论领域——"女性科学"，从"女学"、女性学（féminologie）到专门针对女性的法律体系的制定。妇女解放运动曾经且仍然是所有"文明运动"中最强烈拥护联邦制的。正因如此，我倾向于"文明运动"的说法，而不是"社会运动"。它正在全世界范围内继续展开。这场运动的性质非但国际化且更具有跨国性，因为在坚持普遍原则的基础之上，它在每个国家都提出了相应的具体问题。女性的政治选择具有全球意义。我们必须在这样的语境下考虑女性的权利、地位和身份诉求的现代内涵。这势必能为如今威胁民主制的某些重大问题提出解决方案。

首先是东方、南半球以及马格里布地区的重大问题。包括民族主义、基要主义，同样还有宗教的迂腐、传统成见等。在这里，我又可以重谈儿子们的回归：以撒（Issac）、以实玛利（Ismaël）、俄狄浦斯、耶稣，他们都是"自恋的基要主义"和象征性成见的代表。兄弟情谊不断加强，手足相残的事情同样屡见不鲜，分割与撕裂的表现载体仍然总是女性身体，它成为儿子们疯癫、沮丧的狂妄自大的症状。在印度，穆斯林女性反对威胁她们的个人权益法案，并与"世俗民主印度"（Etat indi-en laïque et démocratique）的女性结盟。在阿尔及利亚，女性为了追求相同的原则、反抗相同的压迫而行动起来。她们冒着生命危险开展这些活动，不仅实现了她们自己的部分诉求，更推进了阿尔及利亚的民主进程。

接着，在一个以两三种不均衡速度发展的西欧社会环境里，女性直接面对就业不平等的问题，也就是我们所说的失业问题。不仅如此，女性在社会中的存在感要弱很多，占主导地位的男性不仅霸占了创造性的工作，还独享所有金钱、权力、出镜机会，只为满足他们自己的利益。位高权重的领导人中根本没有女性，自称走在世纪前沿的思想家当中也不见她们的身影。20世纪的自恋情结与田野的花、诗歌再也没有关联。关键不在于共享工作的权利，而在于承认新的生产活动的价值。人们应将女性专属的生产活动考虑在内，承认过去被忽视的任务，更好地平衡权力关系。我指的当然是女性的生育活动。如今，生育知识能使人们清楚地看到两性在生育方面的不对等，这样的认知是对女性有利的。生理角色的差距和不平等，女性专属的生育能力，今后可能会扭转两性不平等的局面，变成具有人口学意义的权力。1975至1988年间，单身母亲的人数翻了一番。

最后，唯有持久不断的民主化才能确保民主的推广。在社会契约之外，人们如今还可以谈论自然契约和"生命契约"。不仅仅要保护人类，还要选择身份和生活。这是任何与决策权协调的融入都要面对的问题。除了权利以外，我们也有欲望和义务。女性必须克服对权力的厌恶反感,必须愿意承担责任,意识到她们在公共事务中亮相的权利和民主义务。民主妇女联盟致力于鼓励女性思考上述问题并付诸新的行动。

人生而有两性

1990 年 10 月 [①]

> 献给我的外祖母安多尼娅
>
> 献给我的母亲文森特
>
> 献给我的女儿文森特

如果我们能够放弃肉体的存在，比如作为来自另一个星球、只有纯粹思维的生物，从另一个角度去看待地球上的一切，那应该没有什么比人类有两性这一事实更能引起我们注意了。

——西格蒙德·弗洛伊德，《性学三论》

[①] 由巴黎八大女性研究中心发起，1990 年 10 月在哲学国际学院举办的"解读性别差异"研讨会上的讲座（研讨会论文集 1994 年由女性出版社出版）。

思之孕育，孕育之思

每个人生下来就是女孩或者男孩。1936 年 10 月 1 日，我生下来就是女孩，我母亲虽然目不识丁但很有才华，我父亲是人民阵线(Front populaire)的活跃分子。我出生的那一天，战争结束了：佛朗哥在西班牙夺取了政权。

1936 年 1 月 1 日，从我母亲受孕的那一刻起，我就占据了我母亲的生活(对中国人而言，怀上就意味着新生儿的降临)。因此，通过她，也通过她对第三次怀孕的愤怒——这次她都快 40 了，她自己也不情愿——，我经历了人民阵线。母亲曾经是个假小子，而我是她自由的累赘。她很早就跟我聊过她的梦，她在怀孕期间做的噩梦：她的孩子没有脚。

我生来就是一个女孩，我出生在南方地中海沿岸，这里有着悠久的口头和笔头文化传统，是一神论和民主的摇篮，只有上帝和男人配被人提及。从我出生、从童年、从青春期开始，我就知道：马赛的大街小巷有的是粗暴的男孩和性侵的男人。校园的生活和我所信仰的天主教都让我证实了这一点，而且对于我所"归属"的天主教，上帝是一体三位，也是三位一体。男性绝对优先……

在这里,母亲非凡的力量只为我而存在。母亲通过婚姻获得法国国籍,这个过程是艰难的;而我呢,我在这个民主制度下获得学士学位和教师资格。我的身份偏离了原来的位置,在法律文书上朝着一个一直有待重建的故步自封的文化身份偏离。我接触到平等让人昏昏欲睡的无聊,提防自己的思想彻底僵化。从家庭、中小学和大学所学到的知识,都不可能教我如何成为女人。

似乎没有什么能够让我逃离这个该死的循环:无论是母亲坚信的女子无才便是德,还是第一次迷上一位充满活力和破坏力的少女,天生的同性恋倾向,我或许太早就预见到了女同性恋的困境,抑或是一场因爱结合的婚姻。似乎一切总是应当如此循环,甚至连那帮诗人都希望我成为母亲。

法律,无论我是它的受害者还是它的同谋,对我最基本的需求视而不见、听而不闻,而我最基本的需求就是:存在。我可以选择做奴隶或做拥有绝对权力的主人,做生育工具或做被视为精神病患的同性恋者,做喜欢异性的女权主义者或做喜欢同性的女同性恋者。我觉得自己正处在人生的半途,内心十分迷惘。

27 年前,我快 27 岁(今天我 54 岁),我突然怀孕了。必然多过偶然,好运多过霉运,总之,那是我必须面对的考验。

10 年前,我病倒了:关于病因的诊断很含糊,说是先天的,只是一直潜伏着,少年时代一次打疫苗加强针诱发了病因,这会一直影响我的运动机能,且越来越严重。这病应该在我母亲梦到我没有脚的时候就染上了,当初,患这一疾病(多发性硬化症)可以随时要求终止妊娠并进行堕胎手术。今天,人们会去找代孕妈妈。我决定碰碰运气;既然我已经怀上了,就不要瞻前顾后。我想要一个孩子,但我也害怕。焦虑和希望总是如影随形,这是我硕士论文的主题。对比这两种情绪,快乐往往难以言喻,但是我在这个人生的转折点上预感到了这种快乐。

1964年3月3日,我生下了一个非常健康的女孩(她马上也要满27周岁了)。她父亲和我都同意用我母亲的名字给她起名,就像我父亲用我外婆的名字给我起名一样……父亲给我起名安托瓦奈特(Antoinette),我们给我们的孩子起名文森特(Vincente)。(两个首字母A和V竖着排列就像彼此的镜像,形成一个X,正好是我丈夫名字的中间字母,或者倒个个,形成一个菱形——象征着女性)。在我的整个怀孕期间(我肚子里的孩子,我的骨肉),"骨肉"这个沉默的词语一直萦绕在我的脑海里,伴随着我的恐惧,惧怕自己的疾病会遗传给孩子,这种遗传的恐慌深深印刻在这两个首字母里,让我在潜意识里对一种女性的谱系或一种思想的谱系浮想联翩。

我后来为我所冒的风险付出高昂的代价,尽管起初,与所有医学预测相反,我的健康状况居然有所改善。生孩子的责任使我步履蹒跚。但是虽然行动困难,我却因此能够去思考很多以前我有疑虑和担忧的问题。

无意识的孕育过程对我而言,是对母性天职和自恋式再生的一种回归,也是身份的转变和身份意识觉醒的一个因素。我生下来是一个女孩,在生下一个女孩后,我重生为女人,就这样,我接受了自身性别赋予我的心理和生理学层面的命运,尽管受到所有象征机构的压迫(因某种女权主义思想的操纵更根深蒂固)。

这些自传性内容并不是为了谈论我自己——1964年或今天的我,而是为了让我可以更近距离地了解一个生而为女人的身份认同与身份解构。

怀孕这一体验,以一种比我所能想象的更令人欣喜的方式,证实了确实有两种性别。虽然有一个男人和我曾经设想过真正地、幻想地、象征性地、合法地在一起,但是我还得自个儿怀胎九月生下孩子。享受过性爱的乐趣之后,接踵而来的,就是身体高强度、无休无止的操劳,我的状态让我一刻也无法忘怀我怀孕期间的经历和一种思维活动,尽管思维是漂浮的、简单的、肉体的,一言以蔽之,通常是无意识的、可见的、盲目的,同时常常也是前意识的、先见的,只有极少数情况下是有意识的、清晰的。比如我天生就注意力集中,就像我的名字隐含的寓意，Antoinette 改变一下字母排列的位置就成了专心（attention），这种暗示让我在整个怀孕、等待和临盆期间都专心致志、毫不松懈，那段时间我向我们一家三口做了承诺，要一直坚持到底。

意识到第一个阶段已经以生育一事告终后，我重新上路，再一次进入男人的领地，去寻找能够让我靠近自己下意识的想法的工具。

障　碍

象征层面

就在我有各种各样的理由确信有两性存在，而且没有任何一种平等措施能够消除两性差异的时候，我明白了一件事情：正式存在的只有一种力比多，而这种力比多是男性的。

这就是现存的关于性的唯一话语所要表明的：由弗洛伊德提出，后来被拉康和比男人更阴茎崇拜的弗朗索瓦兹·多尔多①所强调。

---

① 弗朗索瓦兹·多尔多（Françoise Dolto, 1908—1988）：法国儿科医生，儿童教育家，儿童精神分析大师。——译注

其他人则对此沉默，态度模棱两可，他们虽然曾在不同的运动、场合有机会揭露这一真相，但并未真正致力于著书立说。伊丽莎白·卢迪内斯库①做过一些尝试，但并未产生什么影响。

换而言之，从精神分析学的角度来看，我们不是生来就是女人（西蒙娜·德·波伏瓦也这么说过，她从一个不同的视角出发，但殊途同归）。我们生来是小男孩，或者说是被阉割了的小男孩。从这个角度来看，女性身份只能是衍生的、消极的，因为在弗洛伊德和拉康看来，这是由女性没有阴茎或没有足以和阴茎媲美的等同物决定的。

在性一元论中，性别的判定是非此即彼：有阴茎的是男孩，被阉割了的就是女孩。阉割的秩序（法则）规定了菲勒斯经济学，如拉康所说，没有了阴茎，一切享乐和欲求都被悬置了。从女人承认自己真的被阉割了或可以象征地被阉割的那一刻开始，她们就在菲勒斯秩序下合法化了，即使拥有的只是消极的合法性。许多女人宁愿安于这样的现状，而不去构想一种能与菲勒斯秩序互补的象征秩序。

从生殖期，即性心理生理成熟期开始女人便能够孕育生

①　伊丽莎白·卢迪内斯库(Elisabeth Roudinesco, 1944—　)：法国历史学家和精神分析师。——译注

命,被等同于性器期,也就说男孩的前生殖器期,以对自己的性器官感兴趣为特征。因此,意识到子宫的意义和作用,将其象征化和并进行构建,否则对于一个女人而言进入生殖期是不可思议,也是不可能的。

子宫不被认为是积极的、有生殖力和象征意义的器官,而是纯粹作为一个"地方"(我们常说子"宫"),更有甚者,从词源上也说明了这一点,作为一个"在后面"(*usteros*)的地方,它是史前或生前的,唤起或只能唤起回归。雌性的生殖性因此被认为是纯生物学意义的,是在心理和语言(甚至是最最原始的语言)形成之前的自然物性。对于那些只能想到菲勒斯的人而言,这个地方被幻想成绝对此在、通往黑暗大陆的黑洞,更糟糕的是,被当作是精神病和"白噪音"①(bruit blanc)的源头。然而,仅仅对那些从子宫出来后再也不回去的人和那些主要以被动的方式与子宫接触的人——儿子而言,这个子"宫"是彻底的"在后面"或"在自己后面"。不过,在菲勒斯的构想中,似乎男人和女人只能把母亲(母亲的身体或肉体)当作生产孩子(唯一主体)的地方或客体。

然而,产妇并不是一个客体,孩子对她而言也不是一个客

---

① 白噪音或白噪声是指功率谱密度在整个频域(0-20KHZ)内均匀分布的噪声。所有频率具有相同能量密度的随机噪声称为白噪音。胎儿在子宫里听到的嘈杂声就是白噪音。——译注

体:孕育和分娩的女人并没有呆在"后面";她在操劳,在陪伴,和这个将要到来的主体一起迎接它的到来。如此一来,她并非回到母体自身;而是在自己的体内接纳这最初的生命体,在生育时将自己向前和向外投射。

如果女性只局限在菲勒斯的认知中,且不理解参与到身份回归与融入进程中的必要性(心理层面上的,而不是生理层面上的)——只有这个进程才能避免菲勒斯身份认同的逻辑——,女性就不能真正进步。她们要么变成女儿子(filses,假小子),要么继续做癔病患者(从字面上意思上看,指受子宫困扰的人),同时受遗忘症(忘了自己有子宫)和记忆恢复(记起自己有子宫)之苦,就像一次糟糕的母体特征切除术。因为每个女人都被认为应该跟子宫割裂,对子宫采取排斥态度,而不是将它视为融入整个身心成熟过程的一环,这种成熟以成年男女拥有共同繁衍后代的能力而告终。

当女人生下女儿时,这一回归-融入的过程在某种程度上是双重的。然而只有女人生了儿子,她才真正有权利在文化象征场域中被称为母亲。换言之,并不是生育使女人成为母亲,而是她在传宗接代的父权制架构内部拥有的称谓和地位。同样地,我们只会认为一个年轻姑娘与男人有关系时(发生性关系/跟她结婚/给她合法地位)才成为女人,而不是因为她有生育能力:显然这是一个令人惊愕的时刻,是不想去细究的思想的黑洞。

几乎可以说"女性特质"(不是"女性"这个概念,而是每个女性独特却共同的现实状况)不存在,在历史上从未存在过。因为甚至是我们最常说的"阴性"通常也不过是个隐喻,是男性对女性的幻象(是一种再造或制造),甚至是男性赋予自身的另一个性别,也就是说一种变性。被标榜和被买卖的某种女性特质不是女性内心、身体或享乐的表达,而是女性相对于男性赋予自己的性别,就这样,女性以一种复刻的方式去摹仿男性,从而掩盖了女性自身。女扮男的同性恋(有别于真正的女同性恋)的心理政治逻辑也由此产生,我把女扮男的同性恋描述为反反串(采取反投射的模式),因为她追求不在于女性自身的地位,而只在于重复想象中的性别倒错过程,用一种盲目崇拜替代了另一种。

这也是为什么我更喜欢用"阴性"(femelle)而不是"女性"(féminin)这个形容词——英文里的"阴性书写"(*femal writing*)就保留并使用了这个词。对我而言,"阴性"这个词不会让我联想到生物学意义上的前心理(pré-psychique)和先文化(anté-culturel)的范畴。让我能在定义人类特性的可思考的文化壁垒中去理解只落在女性头上的铸就血肉之躯的责任。

这并不是反菲勒斯或反俄狄浦斯情结。小女孩(甚至一个女人)的性器期与阴蒂的性欲活动相符合,至少从结构性上看对男孩和女孩都是一样的。但与在男孩身上发生的相反，这并不是结束。那么对一名成年男性而言，他无休无止的勃起的欲望，凌驾于所谓弱势性别（女性）和自然之上的幻想是否存在别的原因？因此我们可以发现性器期被认为是思辨的终点，甚至可以认为是男人的最终阶段，如果他也对从生殖期沦为性器期产生质疑的话。

菲勒斯，男性生殖器的体现，和身体分离并想象它永远处于勃起状态，这是一种自恋的幻觉。它被当作并且一直被认为是一种可以表达出男性对于阉割的反抗，尤其表达出了对于两性之间的差异以及对于身体受孕的否认，它是勃起的载体。但这种幻想与现实中的两性情况以及雌性身体的孕育生产能力是矛盾的。于是这也成为了一种第四期的假象，这种假象掩盖了"第四维度"的现实，对于女人来说，也就是子宫维度（子宫期和子宫本身）。这是一种否认的信号，这种否认不仅是对现实原则的否认，更是对现实本身的否认。在这个意义上，我们可以说男性的生殖器构造实际上是性成熟前的。因此这种对阳具的推崇纯粹是形而上学的，即意味着它无论是在思想层面还是生育层面都是至高无上的。这是精神分析的一个迷思。

成年男子不得不承认自己真实的生殖器的松弛以及延后勃起。"生殖器"结构将这种现实纳入了阉割的野蛮幻想（就像是对阴茎异常勃起者的肛门性虐待的惩罚）。成年男子同时还应该放弃对阉割的反抗（小男生的自恋式防卫），以及在孕育期间从肉体和心理上放弃对孕育的操控。

但是上帝，在那些将他想象出来的人们的幻影里，不愿意放弃对孕育的操控。《圣经》里充斥了这种疯狂的控制欲的例子：在夏娃被用亚当的一根肋骨制造出来后（一个颠倒的创世记一直没有让多数人感到惊讶），上帝赐予女人一个衍生的身份，而不是真正属于自己的身份，他随意地打开和关上女人们的子宫（撒拉在 100 岁前都不能生育，亚伯拉罕于是和女仆夏甲生了以实玛利，对上帝而言，他是亚伯拉罕的长子但也是私生子；后来撒拉怀孕生下了以撒——这就是当下以色列和巴勒斯坦、犹太教和伊斯兰教之间冲突的起源）；然后上帝判决夏甲犯有通奸的罪名（她可能将一个不是父亲亲生的孩子带到了家庭中）；最后上帝让步了，他承认他的人子有一个肉体上的母亲，前提是她必须保持处女之身，就像《以弗所书》里的雅典娜或狄亚娜一样，但被剥夺了神性。这些故事已经众所周知我也就不复赘述了。

我们知道教会一直不停地表明它对女性身体的控制，但我们往往忘记了很多国家同样也有操控生育的疯狂：有些国家禁止堕胎，而另外一些却禁止生育。这世上是否有一个国家没对制定针对女人身体的法律？

那么我们应当如何思考及实现女人在象征领域的独立呢？拒绝平均主义的对称化，即把自己看作是另一性别象征化的可能的同盟，而不是像被阉割了的孪生兄弟，遵从不变的、永恒的秩序。

但是若想在人类繁衍过程中去思考属于每一种性别自身的部分，就要同时承认性别差异和男女之间经济、政治、文化、象征权力的平等，这就会在所有层面上都碰壁，不仅仅是象征层面，还有一整套要淡化这个问题的理论政治体系，也就是说以菲勒斯一元论的信条之名，掩盖女性性别和性别经验存在的事实。

艺术和科学想象层面

生育，即人的繁衍或人类文明①(*anthropoculture*)，这一重担和责任，在今天，在全世界，依然还是完全压在女性身上。然而，在象征层面乃至文化层面，孕育又降至次要地位，因为在这两个层面上，小男孩性成熟前的构造高高在上不可动摇。

----

① 今年，我在狄德罗的《哲学基础》中找到"理性"这个词条，是一个对人类文化很好的定义："理性，或人的天性，是由他的构造，由他的母亲传递给他的情绪、品味、能力决定的，孩子在母亲腹中的9个月一直都只和她在一起。"

而在这个阶段,性虐待和肛门乐欲起了主导作用。

在文艺作品特别是文学作品中,作者会通过模仿《创世纪》中的神学故事来展开想象:排斥子宫生产被一再强调,同时它还会被幻想成是理想化的肛门活动的,或者说至少是肛门活动的升华或换位——土、泥、排泄物和黄金任意交换、无限接近、相互替代——为了巩固那喀索斯万能的幻想。这位自恋的神可能是神、诗人、哲学家、精神分析学家或者是某个暴虐的儿子。

诗人和资本主义经济理论家都以各自的方式说过:"我捏土成金。"波德莱尔在他的《恶之花》中对资本化的转变做了如此诗意的阐释。因此最好还是生产黄金(字面上或者社会物质上的)而不是活生生的人,除非人的生产可以被分离、被神化和商品化,而女性的根源被奴役、被否认,人的生产在科技发展的魔力下成为一项欣欣向荣的产业。我们不再只有精子库、血库、人体器官库,人们也常常聊到器官资本、红金、灰金①。

抑制造物主乃至创造者们贪婪的**子宫嫉妒**②(*envie*

---

① 分别指涉的是器官、血液的(非法)买卖和猎头交易,之所以把猎头交易称作灰金是因为常用大脑灰质借代人才。——译注

② 自从我提出了子宫嫉妒这个概念后,从 1970 年起它就成了"精神分析和政治"的研究项目书上我不断地阐发这一概念的政治和精神分析内涵。最近,当代人类学部分地借鉴了这一理论探索。

d'utérus)是必要的,除非就像所有真正的诗人那样,在想象中成为跨性别者,成为从现实中挖掘诗意的创造者。这一跨性别的诱惑在生理学家以及学者勒内·弗里德曼(René Frydman)的最新作品《我的怀孕,我的孩子》[①](*Ma grossesse, mon enfant*)中的"试管婴儿"上显露无遗;在我们形而上学、性成熟前、会思考前的文明发展的进程中,一切创造都有剥夺、利用、替代一直困扰它的生育机制的倾向。

经济和社会层面

因此自然而然,在经济和社会领域生育也遭受到了同样的排斥,我们过渡追求生产力的社会运作模式在象征领域和职场都对女性不利。只有职业女性才被当做劳动人口,哪怕她的职业是养育别人的孩子。生养孩子和从事家务劳动的妇女则被当做非劳动人口!妇女的生育活动促进人口的更新换代,进而促进人力资源的更新,但这一贡献在任何国家都没有被计入国民生产总值。她们身体的产出,她们的劳作只有纳入技术以及产业链才有价值,而技术和产业链无视女性和起

---

① René Frydman et Julien Cohen-Solal, *Ma Grossesse, mon enfant. Le livre de la femme enceinte*, Paris, Odile Jacob, 1989. (勒内·弗里德曼和于连·科恩-索拉尔,《大肚子书:我的怀孕,我的孩子》)

源:女性才是人类的起源。而人口统计学,社会经济学的一个分支,却是首先基于出生率的概念之上的。这就是继续在制造一些幼稚幻想之物的人文科学中一直存在的悖论,前后矛盾,甚至荒诞不经。

另一方面,女性对自身生育的掌控权比以往任何时候都少。传统社会继续把生育当做一种奴役,而先进发达的社会则以技术、产业乃至资本的方式对其进行利用和压榨,但与此同时,不管哪种社会都不承认生育之于人类的贡献。

显然,问题不在于要求一份产假工资,而是拒绝对家庭妇女和职业妇女进行区分,拒绝对妇女生育的盘剥,以及提出妇女三重生产的概念——事实上在当前社会,妇女大部分从事着三重工作。生育不仅应该在经济和社会层面,更应该在伦理和大众普及方面,引起人们的重视。

政治层面

比起宗教,民主的运行机制更远不为我们所知。然而,雅典民主政治最根本的神话至今仍然继续用一种隐匿、无意识、压抑的方式,通过它行之有效的民主原则,尤其是通过文化和戏剧的方式,向全世界传播和扩张。

《俄瑞斯忒亚》(*Orastie*)的第三出即最后一出《欧墨尼得

斯》(*Les Euménides*)所讲述的是什么呢？

1. 俄瑞斯忒斯(Oreste)的母亲克吕泰涅斯特拉(Clytem-nstre)杀死了他的父亲阿伽门农(Agamemnon)，有一部分原因是由于阿伽门农献祭了他们的女儿伊菲革尼亚(Iphigénie)。随后俄瑞斯忒斯杀死了他的母亲。而在处女神雅典娜的宽恕下，俄瑞斯忒斯获得赦免，并且重新回到自己的王国，成了和雅典结盟并受到其礼遇的城邦。

2. 厄里倪厄斯①是为弑母罪行报仇的复仇三女神，变成了欧墨尼得斯(Eupénides，古希腊语意为"善良")，失去了她们报复的能力。于是弑母行为不再被视作是一种罪行。

3. 以雅典娜为例子。雅典娜是宙斯的女儿，宙斯在妻子生雅典娜的时候吞下了她，并代替她诞下了雅典娜。雅典当地人于是都自视出生于大地母亲，而不是出生于作为女人的母亲。所以，正如众所周知的，在雅典的民主下，公民权是将奴隶、外邦侨民、女人排除在外的。

---

① 厄里倪厄斯("Erinyes"或"Erinnyes"，在希腊语里的意思是"愤怒的人")是复仇三女神——阿勒克图(Alecto，不安女神)、墨纪拉(Megaer，妒嫉女神)和提希丰(Tisiphone，报仇女神)——的总称，任务是追捕并惩罚那些犯下严重罪行的人，无论罪人在哪里，她们总会跟着他，使他的良心受到痛悔的煎熬。只要世上有罪恶，她们就必然会存在。传说她们身材高大，眼睛血红，长着狗的脑袋、蛇的头发和蝙蝠的翅膀，一手执火炬，一手执用蝮蛇扭成的鞭子，在希腊神话里她们又被称为"Furies"。——译注

在《欧墨尼得斯》中，也只有在《欧墨尼得斯》中，我们才能够十分清楚、明确、严肃并且果断地表达了女性在希腊的神话、历史和政治中的弱势地位，以及从最初就在男性的专制独裁下建立起来的民主模式。这种民主模式从一开始，就建立在对外来人的排斥、对子宫嫉妒、对女性-母亲身份的憎恨、剥夺并排斥将女人的身体视为人类-会思考的生命的诞生地的观念之上。

由于生命的诞生归功于大地母亲，女人的身体便失去其存在的意义，被排斥在外了。而大地之母盖亚(Gaïa)随后在象征化的过程中出局了。共济会，是意识形态民主化和世俗化发挥作用的最重要的因素之一，尤其是在黑非洲。共济会排斥女性踏进它的修道院，坚决捍卫一神教，在男女混合或只有女性的入会仪式上，沾有泥土的东西都不能带进光明的殿堂。

"自由，平等，博爱"——随着大革命，西方在两个世纪以来已经进入到了既表现个体（"自由"）又突出众生（"平等"）的时代。对认同和一致的诉求在同一个运动中表露无遗。上帝和国王已经死了(或者说，至少被认为是会死的)，加上国家和神权政治对一神教所采取的行动，催生了个人解放运动，同时还推动了平等主义者的团结一致(或者说是互相认可)。随后很快，社会主义者和女性主义者登上了政治文化的舞台，直到更近的 1968 年"五月风暴"才给这一演化画上了圆满的句号。1968 年的"五月风暴"形成了自恋的兄弟情谊，也就是说，它既强调了人与人之间的关爱，也强调了无拘无束表达的权利——这也是一种力量，一个至上的"我"的权利，一种建构在菲勒斯主义之上并以它为标志时被构建的权力。"五月风暴"涂在墙上的标语"权力就在命根子上。"而如今他们后继有人——说唱歌手组合 NTM①（"操你妈"）。NTM 是 Canal + 电视台天顶音乐厅的超级明星，并受到法国文化部的赞助。

这一切让我想到，我们——女人和男人们——至多是从父权制（régime patriarcal）过渡到了子权制（régime filiarcal）或兄权制（régime fratriarcal）。女权主义要求的是一种无差别、刻板的平等，是按照当权者为满足此诉求给出的平等概念来塑造的。然而，在没有平等的前提下主张差异只能导致等级划分和反动过时，我一直认为，不把差别考虑在内的平等带来的也只能是同（男）质化②（hom[m]ogénéisation）和同化。从字面上来说，那些只选择或希望成为她们所谓的同类——兄弟——的女人们，也就完全变成不育的了。

---

① 法语 Nique Ta Mère 的缩写。——译注

② hom（m）ogénéisation 也是福克造的新词，在同质化（homogénéisation）中间加了一个 m，就有了男性-同质化双层寓意。指的是我们的社会是向男权价值同质化的社会。——译注

为了以象征的方式或真实的方式孕育生命,难道"一阳"不需要和"他者"发生关系吗?那些堂皇的"中性"观点的捍卫者占领了西方媒体,故意将全世界到处出现的承认两性差别的诉求、民族分离主义以及其他的原教旨主义的示威游行混为一谈。然而,以前和现在的经验都表明,民族主义并不是对立的,而是普遍个人主义的必然结果及反映。拥有同一片领土的愿望是现今冲突及战争发生的根源,这种愿望来源于自我中心主义,自我中心主义对一切区分免疫,其目的就是在一个唯一的、不可分割的群体里,把一切异己变为同一。

　　最后,在不了解现实及无意识的情况下就认定性别分类并不存在或不复存在,存在的只有相似的、人人为己的个体,这会让每个人的个人主义变得更加狭隘、更加自私,它使女性丧失了辨认并且一同用政治的方式去反抗厌女症的能力。

　　为了补全我们这个政治文化演变的简表,我还有一点要补充。我认为,在西方,从经济层面上来说,在一个以交换价值、市场秩序、偶像效应或黄金效应占绝对主导地位的完全市场经济中,这一切都伴随着工业经济的突然转变而发生(它源自我刚才简单描述的对生产的简单直接的想象),而我们谁都没能把它描绘成一个景观社会的到来。

法律层面

如果从菲勒斯的逻辑来看,女人的身份被认为是一种衍生的身份,从操控社会运作方式和政治话语的法律层面来看,女人甚至没有城市权利(也没有公民权)——就连法国女性也是如此,更别提其他国家的女性——她们的身份也不总是得到法律承认的:她们仍然没有完完全全获得公民身份,甚至没有得到象征性的存在,因为在说到享有受尊敬的权利和公民权利的人的区别时,我们的宪法并没有提及性别。

下面是 1946 年 10 月 27 日宪法的序言:

> 自由的法兰西人民刚刚战胜了奴役和损害个人尊严的社会体制。法兰西人民重申,无论种族、宗教或信仰,任何人都享有神圣不可剥夺的权利。法兰西人民庄严宣告,保障 1789 年《人权宣言》中提出的权利和自由、共和国法律所确认的基本原则。

> 此外,法兰西人民还宣告,对我们这个时代而言都尤为重要,是政治、经济、社会原则和下面这条原则:法律保护妇女在所有领域享有与男性同等的权利。

但是，并不能拥有真正的平等，*相反*，就像这个序言所表明的那样，除非能从原则上在指称他们的时候象征性地去区分男人和女人，否则，哪怕他们被赋予了平等权、政治上和法律上不受歧视的权利，完完全全、真正的平等事实上也不能实现，因为男女有别。无差别化本身又不断产生新的歧视。只要制度化的厌女症依然不被意识到，平等主义①的对称化和中和化所带来的事与愿违的影响甚至都不再被注意到。

法律不断地抑制政治。因此我们应该回溯到确立权利的原则上，分析矛盾、冲突，以及对女性的否认，从而揭示这些原则的不成熟，只要这些民主原则确实是建立在一种中性又抽象的普遍主义之上，和它们自身的理想相冲突，它就会在象征权力的层面上导致性别隔离（*apartheid* sexuel）。但普适性坚持这样一个事实：既然法律的主体是人，那么权利的主体从生理上，因此也是从本体论上看，是有性别差异的。法律上的一元论在社会学层面承认女性的存在，但在象征层面并不承认；就像天主教承认圣母玛利亚是圣人，却不承认圣母是神。

不接受把共和国的公民权性别化，法律通过无意识地参

---

① 平等主义是基于所有个人要求在社会上平等的政治主张，以及所有人应平等地得到社会保障。社会保障包括法律权利、政治权利、公民权利等。平等主义的核心思想是平等必须不分种族、不分性别，所以政府的政策是不应以个人性别、种族和宗教信仰而有所偏袒。——译注

照一神教的教条,偏执地否认事实,宁可用无知的面纱去掩盖它,也不愿意用预设的哲学分析、换言之就是用民主化的方式去应对它。因此法律否认对一切针对女性群体的权利的损害,对它而言损害根本就不存在,因为法律把这个事实排除在它的范畴和性别差异之外。就像所有被剥夺了象征权力的客体一样,这一差异不停地萦绕在一种病态的象征政治权力的现实中,无法准确公正地回应向民主提出的今后都不可能被抹煞的女性的历史存在问题。

与种族主义相反,难道不是这种在宪法中体现出来的厌女症,导致了日常生活中的厌女症并不总是被视作是不法行为吗?世上每天都在助长厌女症的瘟疫①。此时此刻我们侮辱、鄙视、拐卖、鞭打、流放、折磨、焚烧、强奸、乱伦、杀死女婴、少女、妇女,只因为她们天生是女人,不是因为她们是怎样的女人,而是因为她们拥有生孩子的能力。这样的丑闻,说起它、想起它都令人汗颜。对那些犯弑母、杀死姐妹这类谋杀案的人量刑都很轻(甚至经常免于起诉),每天都在法律层面上再现了把厄里倪厄斯变成欧墨尼得斯的象征性和政治性的强权。

时不时地,一个电视主持人的笑声撕破集体沉默、一成不

_____

① 参见《厌女症的瘟疫》。

变的生活,我们怎么能不想到创作了《人类》(*L'Espèce huma ine*)的罗贝尔·昂泰尔姆(Robert Anterlme):

> 他们可以烧死孩子,而夜晚都不会有一丝骚动。黑夜在我们四周纹丝不动,我们被关在教堂里。我们头上的星星也寂静无声,但是这种寂静和静止既不是更好的真理的本质也不是它的象征,而是最可耻的冷漠。①

面对妇女遭受罪行日益严重的现实,我们应该把这些罪行也看作是反人类的罪行,国际特赦组织(Amnesty International)把性别和种族、信仰、宗教一起写入了国际法规中。

因此为了妇女们能真正获得法律规定的权利,当务之急是更改我们宪法的序言,因为法律的意义和作用还在于在众人沉默、遗忘和否认时去命名权利、指明权利、承认权利和争取权利。享有一种非衍生的权利使妇女成为拥有一种专属权利的主体,这项权利承认(就如同身份一样)她们特殊的生育功能并使其合法化,因为女性的生育(直到新的自然法则出现)确保了人类的生生不息,从这一法律是被遵守或是被践踏

---

① Robert Antelme, *L'Espèce humaine*, Paris, Gallimard, coll. «Tel», 1957, p. 116. (罗贝尔·昂泰尔姆,《人类》)

就可以看出人类是在进步还是在倒退。

这一对女性"附加"能力和她们完整人格的全面认同，确证以这种方式在象征层面建构的生育也成为了人的一项普遍权利，从女性承担人口统计学意义上的义务来看，这一权利还必须包含自愿堕胎的权利。

我们应该把这句话写入全世界所有宪法的扉页上："所有人，不论性别、种族、宗教、信仰，都享有不可剥夺的、神圣的权利。"

语言层面

众所周知，在语言里(至少是在印欧语系里)，"男人"一词指代全人类。"女人"这个词不能指代全人类。法语有两性，阳性和阴性，但这里的性指的不是性别(性别的真实存在)，即便存在男性和女性，在语言中也使用阴阳性去替代。而且，在法语语法中，阳性要高于阴性，甚至只需要有一个阳性加入到阴性当中，阴性就会被阳性取缔。

因此，只有一种语言和两个不同的性别主体，他们都受这同一种语言的制约。句法结构和词汇都表明，如果需要，语言也不是中性的，或者说语言表现出来的中性，又一次带着阳性的烙印。如果言语不是中性的，话语的逻辑性就更不可能是中性的，跟德里达以"菲勒斯-逻各斯中心主义"（phallogocentrisme）之名来指出语言的运作机制如出一辙。如今，在"雌性的"（femelle）这个形容词之后，语言倾向于越来越淡忘阴性的表征。这种情况在电视节目中一直存在，在其他场合也很常见。

当"我"在写的时候谁在说话，谁在书写？书写的主体问题从始至终都是复杂的，我不想在这里一说究竟。但可以肯定的是，每时每刻我们的书写、表达以及我们的话语，与身体强加给语言和它制幻效果的限制，要么一致、要么矛盾。生为女孩或男孩，我们成长为女人或男人，但同时也是阳性或阴性，孩子的父亲或母亲。两性的差别问题，复杂的身份问题，构成每一个主体。总之，必须考虑两性心理共存的重要性。既然这么说，这就恰恰表明，书写不可能是中性的。

我希望此刻在此提出一个假设，你们可能会感到震惊，但是……我在想，是不是就像让-雅克·阿诺（Jean-Jacques Annaud）在《火的战争》（*La Guerre du feu*）让人以为的那样，并不是女人创造了话语。人类学家认为话语起源于农业和渔业，就在男人出去狩猎和打仗时发明的。而我认为女人是**人类文明的创造者**（*anthropocultrices*），当她们怀孕和之后在跟胎儿和孩子说话的过程中，创造和传播了口头语言。事实上，当我们从哲学的角度去思考跟谁说话的问题的时候，我们就会想到倾听他者和跟他者说话时需要的耐心。而一个怀孕的女人必定会倾听胎儿,跟他说话。对我而言,这就是语言创始的场景。

为了一个新的人类契约

因此,我的思绪围绕着承认一个现实原则展开,这个原则可以这样表述:人生而有两性,并彼此都是不可互相替代的。这种不可替代性建立在男人和女人的不对称性上,表现在生育上,表现在怀孕的体验上,在特定的地点和时间迎接他者的到来,对这个陌生人负有养育的责任。就好比共同起源,对人类来说,思想的系谱就在此展开,预示并宣告了伦理的建立:把妊娠视作思考他者的范式。

在我们文明的所有层面上,这个现实都被否认。我们的文明依靠一个极权式的理念而运转,在这个体系中只有男人,只有男人而没有女人,只有男人而没有其他人。应当承认这样一个现实:人生而有两性。这个现实能够使我们从一个只有男人、压迫、不平等以及排外的历史走向一个男女共存、丰富多彩和公平公正的历史,使我们从以父亲、儿子和兄弟之名建立起来的旧秩序走向新的文明。为了实现这一目的,我们应该建立一套新的关于生育的分析和伦理体系。

关于生育的分析

正如我之前说过,关于生育的分析是在每一种性别的生殖性的理论上发展起来的。这个理论超越了男权的藩篱,考虑到"雌性"的生殖性和雄性生殖性的生理构造。也因此,这个理论在它的调查和思考领域承认我所谓的**子宫期**(*stade utérin*),跟"子宫力比多"(libido utérine)或者"女性力比多"(libido femelle)相对应。长期以来,我都把它称作"**力比多 2**",不过,说到底,先有女人,她是先来的,她更早出现。

想象一下第三种过程,一种奇特的或者融合的原则,它动摇了两性的固有模式,使其在两性和三性之间摇摆不定;随之产生了一种新的方式,唤回被遗忘的女性,接纳她而不是排斥她,欣赏她们的接受能力,消除嫉妒和仇恨的冲动,减少为自我防卫而采取的隔离。我们可以预见这种新的方式产生的经济影响(关于欠发达)、政治影响(关于排外)以及象征影响(关于厌女症)。这样就可以从已经解开的生命之结走向新的生命链接,也就是说,走向**人类契约**(*contrat humain*),从身体的制约走向自由结合的契约。

不是日常平庸的吃喝拉撒,也不是拖拖拉拉,而是一点一滴的进步(或许它促使孕妇进入重新整合冲动的进程),孕育的时间是一个有历史和政治意味的时间，9个月，不多不少：发育、成熟，到了分娩的时候，果熟蒂落。这是孕育的历史性时间，而不只是一个关于时间的历史性观念。它是属于女性的时间，实现承诺的时间。孕育对女性而言是一种打开，让她经由自己，分享作为妻子、母亲、姐妹或者女儿的共同经验。

这样一个逻辑严密的认识论的转折，势必会让我们在文化范畴下，从它们或分或合的连接中，重新认识两性、身体以及心理之间的关系。一方面，事实上，因为子宫是生殖器官，具备生育功能，但它并不因此缺少性欲（子宫的享乐）；女人的子宫既是孕育生命的所在也是乐于享受的性器官，女人是承担人类繁衍工作的身体也是会思考的血肉之躯。从这里出发，肉体的物质主义一个接一个地颠覆了每一个一元论，可能因此产生我们称之为思想的东西。另一方面，因为这样一个关于人类繁衍的分析，没有使生理层面与心理层面相分离（同时就好比无意识与语言，因为应该注意到，怀孕的女性是会说话的生命），在另一个层面上也没有与象征层面相分离。这个分析用它所有的文化维度来解释了为了我们这个物种的未来而采取的生命活动，这些维度包含有它的谱系、它的记忆、它的传承以及它的历史。换言之，这样的分析使形而上学的文化统治得以终结，这种文化统治反对创造与生育，提倡两两对抗，根据这条分界线来思考两性的存在与功能。

只有在创造与生育，天才与生殖性，基于身体的怀孕和身体产生的性欲不再对抗与分离的条件下，男人和女人才能一起建构关于生育的伦理和一种创造的美学而不会把两者混淆。

生育伦理

为了达成一个新的**人类契约**，考虑到会说话的生命存在的所有维度，生理的、法律的、社会的、象征意义上的。首先需要在集体层面上去思考，我们社会匪夷所思之处就是生命的创造。需要从实践上和理论上去构思社会经济，简而言之，就是创建女学（或者女性学，以一种更广的认识论领域），把它作为从女性在生育/一切生产活动中建立起来的人文科学。

在一个非常不充分的社会契约之下，如今，地球上的孩子关心与大自然的一种新的结合；元素、植物、动物和人类的生态学，关注一种生命的"自然规律"。水是生命之源，如今水却受到了污染。空气是生命之源，如今臭氧层却受到了破坏。森林是生命之源，如今却在消失……

最初，对于我们每个人来说，都曾是一位女性的骨肉。但是在数以百万计的孕妇身体里很多却是受到过污染（辐射、艾滋病等)的羊水和胎盘,而这是人类第一层保护性的滋养膜。除了这些生理污染之外,还有精神和心理的污染,把母亲们的"幻想力"、升华功能以及繁育人类的行为变成不孕不育症和人口剧减。

母体是最初的环境,第一个自然、文化、生理、心理、肉体和言语环境。这是人类形成、创造和生长的第一个接受(或者排斥)的世界,是人类居住的第一片土地,第一个家。活生生的、会讲话的、智慧的女性躯体,是最初的思维物质,同时也是最初的工厂和最奇妙的生产机体。连接着大脑、荷尔蒙系统、所有器官以及心理机制、灵魂和爱情的子宫是一个多么奇妙的机体!具有创造性的机体就像一种第五元素,精华包括四种自然元素——水、火、空气和土——并使它们升华。孕育是人类物种共同起源的独一无二的地点和时间。

就像20年前的身体,肉体并不总是受到重视。肉体想要享受性爱,想要双手和身体的抚摸,想要肉体的杰作:身体深处的完全融合,不只是插入而已,而是相互的灵与肉的交互,欲望得以满足,计划得以实现,超越性的性爱,同意和拒绝;它既是可见的,又是不可见的;它使人结合,又使人分离;它是回忆,是会思考的元素,伴随着自我和非我的不断成熟,预谋和远见,感觉元素,预感,情感词汇,预习和温习,源泉,组织,激情管理,性冲动的恢复,感官和感觉考验,情绪、情感和纠结交织的思绪之间的迁移①–反迁移,它连接又解除,召唤又挑选,束缚又释放,既是档案又是史前史,她想要一切但塑造的是个体;她的无意识就像思想一样建构;肉体热情好客,它不仅仅欢迎"客人",还很珍惜、包容、有策略、有计谋、有管理才能、充满幻想并且热情四溢,它告诉他、塑造他、养育他、充实他,把他留在肚子里,只为了更好地陪伴他,把他送到属于他的世界,成为独一无二的人。孕育时间过长过短都可能有害。

因此,正如生态学试图在人类与自然之间缔结一份权利与义务契约,"人类契约",也应当在男人和女人之间、在一些人、另一些人和作为过渡主体的孩子们之间,制定一种新的权利和新的义务,像我先前提议的那样。由于生产一个新生命是一项需要三方参加的活动,前二者不能排除第三者,此外,成年人既是其父、其母双重基因结合的产物,也是其父、其母两个家族的后代,并且,没有童年时期那个孩子模样的他,就不会有现在作为成年人的他。新的人类契约与母体子宫孕育的时空重建了生命关联,它使得男人和女人成为一个多重联

① 在心理学中,它指的是一种学习对另一种学习的影响,指在一种情境中获得的技能、知识或态度对另一种情境中技能、知识的获得或态度的形成的影响。——译注

盟的合作伙伴:女人们组成的联盟、男人们组成的联盟、男人和女人共同组成的联盟、他们以天性组成的联盟。

如果不研究(我指的是研究,而不是回到)起源问题,似乎就不可能有伦理。

因此,如果不说是跳出了象征的藩篱(只要象征包含了两性,那就没有必要跳出藩篱),至少是围绕妊娠的词义场展开的象征的重建是有可能的:基于人生而有两性的事实之上(中)。

妊娠(*gestation*),就像世代(*génération*)、姿势(*geste*)、管理(*gestion*)和内心体验、私密体验,也是慷慨(*générosité*)、物种的天赋(*génie*)、对另一个身体的接受、开放、生命的馈赠;妊娠,是人类文明的模式、人类普遍性的母体、伦理的原则和起源;妊娠,他者的肉体和精神受孕,一直都是人类的主题;妊娠,转化成当下,走向一个可以梦想成真的未来,而不是乌托邦;妊娠,体现了对生命的重视、他律的经验,它可以将"本我"替代"无我";妊娠,昭示一个新生命即将到来;妊娠,说到底就是"为后人着想"(penser le prochain)的范式,是"伦理"和"民主"的范式。

女人们,在这个绝望和贫瘠的时代,我们能做什么? 行动,我们几乎不能;让其他人听到我们的声音,我们也是不太能做到的；但是想想看，我们总是可以多锻炼锻炼。也许我们能够尝试通过那个地方，那个歇斯底里将我们置于绝境的地方；也许我们能够成功，从歇斯底里败下阵来的那个地方。那么就从提出这一倡议开始吧。

这是将被排斥的"万众归一"的思想象征化，把当我们谈到最初的思想和作为考验的受孕体验时被屏蔽的思想象征化，它不仅能够超越一元论极权政治，还能够推行一种伦理思维方式，这种伦理思维方式超越了泛灵论的、宗教的和科学的思维方式。

然后，允许我表达几个愿望：比起《圣经》和《创世记》里那些用神奇、非子宫的创始来歪曲女性孕育的人类起源的神话，比起男性或女性单方面的民主，我们更愿意有一个承认两性有不可抹杀的差别、不对称、女性有孕育的天赋的民主进程，让生育成了一种普遍的权利，重建事实真相，关于人类起源的有血有肉、有性有爱的真相，向女性表达谢意，她们用她们的谱系、记忆、传承发展和思想的能力，为人类做出了独一无二的贡献。

我们期待一种在生殖性和固有身份上承认**女性才华**（*génie des femmes*）的民主化，把孕育作为一种利他的伦理范式，因为在孕育中，陌生的躯体，他者，通过一种灵与肉的移植被接纳了，这是所有移植都应该学习的典范，他者被作为亲人和后代受到关爱和创造。

我们期待一种承认生育事实上也是一种生产的民主化，一种经由自我、由我及他的对他者的生产；承认这一行为，这一生育行为，应该远离技术、商业和所有毁灭性的污染；它应该受到一种和女性达成的新的人类联盟、一种**人类契约**的保护，这一**人类契约**保证了我们和子宫永远的生命联系（在阿拉伯语和在希伯来语中，用来指称子宫和慈悲的是同一个词根）。

感恩，代替嫉妒，是一种我喜欢的反神学的美德。感恩甚至有一种诗意的伦理①，换言之，是"认识"②到其中蕴含的"妊娠"的无限寓意：重生，生来，来生（生育一词蕴含的"为-生"之意），同样还有共生、调研、发现、认知等等。

在感谢你们聆听我的发言之际，我想引用马丁·布伯③的一段话，他继承并发展了保罗·策兰④在1958年"不莱梅

---

① 原文是作者造的一个词 poéthique，包含了 poétique（诗意）和 éthique（伦理）两个含义。——译注

② 法语"认识"一词的原文是 re-co-naissance，从这个词的组成上看，有重（re）生（naissance）的意思。——译注

③ 马丁·布伯（Martin Buber，1878—1965）：奥地利-以色列-犹太人哲学家、翻译家和教育家，他的研究工作集中于宗教有神论、人际关系和团体，代表作有《我和你》。——译注

④ 保罗·策兰（Paul Celan，1920—1970）：生于一个讲德语的犹太家庭，父母死于纳粹集中营，策兰本人历尽磨难，于1948年定居巴黎。作品《死亡赋格》一诗震动战后德语诗坛，之后出版多部诗集，成为继里尔克之后最有影响的德语诗人。——译注

文学奖"获奖致辞①(*Discours de Brême*)中已经表达过的观点：

> 又到了我表达不同寻常的谢意的时候。我满怀感激。这让我有机会再次思考"感谢"这个词的含义。它通常的含义大家都明白，但它并不太符合人们对这个词语毫无歧义的描述。
>
> 我们马上看出它属于那一类原义很丰富的词语。同样在不同的语言中，它也会引起人们不同的联想。
>
> 在德语和英语中，动词"感谢"(*danken* 和 *thank*)，跟思想(*denken* 和 *think*)有关，表示想到某人，对他有所挂念。说"我感谢你"(*ich danke dir*)的人给他的对话者一种把他铭记于心的确信，更确切地说，是一种美好的、友爱的、快乐的回忆。由此延伸，可有可无的记忆便不足为重。
>
> 在希伯来语中则不一样。动词形式 *hodoth* 首先指的是和某人站(维系)在一起，然后才是感谢的意思。致谢的人跟他要感谢的人站在一起。从今往后，他都是他

---

① Paul Celan, *Poèmes*, Paris, Mercure de France, 1986. (保罗·策兰,《诗歌》)

的同盟。当然,这其中包含着回忆的意思,但并不止于此。它不仅仅要求在内心深处感谢,还要表现于外,变成行动付诸实施。然而,就这样把自己和某人维系在一起,是为了让他更加坚定自身的存在。

我承认自己心怀感激,跟所有祝福我八十五岁生日的人都站在一起。

耶路撒冷,1963年2月①。

21世纪是美妙和充满生机②的,要么依旧是自恋和充满杀戮的,要么不是。

---

① Cité par Emmanuel Lévinas, *Noms propres*, Montpellier, Fata Morgana, 1975.(转引自艾玛纽埃尔·列维纳斯,《专有名词》)

② 原文是 géni(t)al,也是作者造的词,是 génial(天才的,绝妙的)和 génital(生殖的)的合成。——译注

精神分析是否能带给女性答案?

1991 年 4 月 2 日

《过渡》:让我们从头开始谈起,如果我可以这么说的话,您个人对心理分析学的贡献是什么?

安托瓦内特·福克:我的贡献主要在于坚持对精神分析理论提出了几个问题。当然,提出这些问题自身就为寻求答案提供了契机。比如,为什么关于性的科学话语、精神分析的话语,从弗洛伊德到拉康,只承认一种力比多,一种从本质上说是雄性的或者说菲勒斯的力比多,而两性的存在却是不争的事实? 精神分析师他们也常常在理论上把**男性**(*vir*)——菲勒斯和阴茎混同起来,这种一性论难道不是更服从于快感的原则而不是现实原则? 既如此,就可以认为象征秩序是建立在否认现实基础之上的:对男人和女人而言只存在一种力比多,男性力比多! 一性论和一神论并非毫无渊源。精神分析理论源于一种宗教思维方式而不是一种科学方式？

这产生了各种后果，如果不说是一些反常的影响的话。比如，没有办法描写女人的性欲，只能说她们是被阉割的，是消极的性器，或者说把它定义为一种阴性的阴茎，而阴柔同样也可以用来形容一个男性。长期以来，我都说女性气质是一种变性，不管怎么说，恰好蕴含了弗洛伊德所谓的"消极"，让人联想到肛欲期，因此它是性成熟前期的范畴。

因此，被包含在性成熟前期，对男性也一样，我之后还会再谈到这个话题。精神分析理论的关注对象又被从生殖器期拉回到肛欲期，陷入了一种变态的菲勒斯偏执，这势必会阻碍对生育进行理论化的建构，因为生育显然是涉及两性的。

其他反常的后果：歇斯底里的神经官能症被当做性变态的反面。但是，如果大师的话语因为歇斯底里的话语的回归而受到启发——歇斯底里作为阴茎对子宫的"租用"——，为什么他不能再进一步，从女性话语中受到启发？服从现实的原则应该可以推动精神分析话语的发展，从而建立一个关于"生育"的理论，而生育，众所周知，是两性结合的结果。而奇怪的是，女精神分析师在分析她们的分析对象时，总是基于一种共同的性欲，继续从理论上肯定"只有一种"（"只有一种力比多"和"只有一种阴茎快感")。是为了不冒失去"父爱"的危险？还是不想冒丢掉某个精神分析研究院的职位的危险？

女性拥有象征权力，男女才能拥有了"对话的可能"，或许才能更好地理解是否有一种性关系。不过女性拥有象征权力势必就会形成这样的观念：既然人生而有两性，那就有两种力比多，那么所有女性都拥有属于自己的力比多。20年前，我把它称作"力比多2"，但不管怎么说，既然它是一种子宫力比多，母体经济学，对两性而言，它也可以是最初的、首要的，也可以被命名为"力比多1"。

《过渡》：您的意思是说精神分析是一种男性的科学？

安托瓦内特·福克：理论、或者说精神分析话语，是由既是雄性又是智人弗洛伊德从被认为患有歇斯底里症的年轻女性的话语中创建起来的；但作家弗洛伊德部分压抑了女性的这种话语，因为，从《歇斯底里研究》(*Etudes sur l'hystétie*)出发，之后在《多拉》(*Dora*)中把梦和歇斯底里结合起来，最终他给无意识开辟了一条王家大道"梦和梦的解析"(le rêve et son interprétation)，更多时候他把自己当做研究对象，他对自身的男性偏执官能症的研究形成了精神分析学说。

歇斯底里本身就表现了对子宫的排斥，压抑歇斯底里在弗洛伊德的作品中不止一处有所流露。弗洛伊德承认不知道如何看待多拉的同性恋行为，并对移情做出了错误的解释；此外，在分析女诗人希尔达·杜丽特尔①的时候，他拒绝接受反移情(contre-transfert)过程中母亲的处境。今天我们知道，在他的自我分析中，他很少研究他和母亲之间的关系，在他给鼠人②(homme aux rats)写的精神分析最终报告中，他压抑了大量和母亲相关的参照；最终，压抑了他的子宫嫉妒，如果说这种嫉妒曾经出现在《梦的解析》一个关键的梦境中，那个被称为"解剖学的准备"的梦，并没有让他去建构任何关于子宫冲动、关于女性的学说，而只给出了一个费解的隐喻。不过，如果压抑是精神分析最基本的概念之一，那么它的关键或许就是"对母亲身体的排斥"，就像被拉康概念化的父亲之名，也可以是精神病的诱因：被象征排斥的会在现实中重现。

在谈到阴茎-肛门这个事实上占据了精神分析理论所

---

① 希尔达·杜利特尔(Hilda Doolittle, 1886—1961)：20世纪美国最伟大的女诗人之一，年轻时曾与埃兹拉、庞德和威廉·卡洛·威廉斯结为好友，并与庞德一度订婚。她早期的意象派诗是很好的习作，但她的创造性和伟大之处表现在后期的诗和散文中，代表作有《不倒塌的墙》《献给天使》《枝条抽芽》《隐秘的定义》等。——译注

② "鼠人"是一位29岁的律师兼军人，原名恩斯特·兰泽尔，因无法摆脱强迫症，1907年他来找弗洛伊德进行治疗。——译注

有领域的问题时,女性的性欲应该有一种口-生殖的关联。把安娜·欧①发明的谈话疗法据为己有的作家最终死于口腔癌,在他晚年,病痛让他不能说话。他曾经有过将口语性(oralité)理论化的计划,但这个计划流产了,因为女人产前的孕育,和作为生产会说话的生命的所在、有性生活、会思考的女人的身体都被排除在无意识的科学研究之外。如果我足够大胆,我会说借助于一种对精神分析和妊娠的探索,对哲学认知的(épistémophilique)冲动蜕变成性认知(épistémophallique)的冲动被描绘出来,这种探索本可以让儿子巧妙地从生殖的角度去摆脱一个被幻想成无所不能的母亲形象。因为儿子想要获得一份完完全全的爱、想要把自己当做神,想要就这样守在母亲身边,而付出的代价是沉重的,从父亲到儿子,非但不愿意承认他们是由一些平凡的女人所生,也不愿意承认和她们一样,他

---

① 安娜·欧(Anne O, 1859—1936):本名伯莎·帕彭海姆(Bertha Pappenheim),是约瑟夫·布洛伊尔(Josef Breuer)医生一个癔症病人,她在接受治疗的过程中首创了"谈话疗法",这是后来精神分析疗法的雏形。这一案例最初发表在布洛伊尔与弗洛伊德合著的《癔症研究》一书中,被弗洛伊德称为精神分析的奠基案例。然而安娜·欧的故事并不简单,后来的精神分析师陆续找到许多资料表明安娜·欧其实没有被治愈,她似乎对布洛伊尔产生了移情,而布洛伊尔无法正确处理反移情,导致治疗草草结束。伯莎·帕彭海姆后来成为一名女权主义者、社会工作者,专门救助受到性侵犯的女性,并且终身未嫁。——译注

们也是不折不扣的凡夫俗子，但有时他们也可以是才华横溢的。

一（菲勒斯）神论（mono-phallo-théisme）或许一度是精神上的进步，但它是以厌女症作为代价的，越来越成了让人类精神僵化、反常、贫瘠的因素。和母体的生命维系，被排斥在象征之外，让我们回归一种依赖古老母亲的现实，而厌女症——男性对女性的恐惧和仇恨，让人类契约成了一纸空文。

《过渡》：那么在您看来，要怎么做才能让精神分析走出这个死胡同呢？

安托瓦内特·福克：把精神分析理论世俗化、民主化迫在眉睫，也就是说不仅仅要在父亲的房子里赋予母亲一个位置，而且要超越性成熟前期和幼稚的依赖。远不是要从地窖到阁楼对弗洛伊德的建构做彻底的摧毁，他的"地基"和"屋脊"还是令人赞叹的，而是要在某些观点上做一些"翻新"，扩建几间不可或缺的房间。从谱系学、出生证明、专有名词、家庭关系方面，是时候要重新认识子宫的功能、母亲的责任、女性主体在这个房子里的地位；一言以蔽之，思考后父权制时代（après-patriacat）如何去建构男人和女人，不过这需要男人和女人一起去做。

要做的就是回想这一陌生的关系，建立跟母体的生命联系。超越嫉妒，承认母亲梦想的能力，和比昂①一起，更好地了解认知的冲动，女人和男人迥异的能力，学会感恩，这已经是向所谓的思想迈进了一步。或许开始从一种宗教的、或更经常是蒙昧主义的思想模式转向一种科学和伦理的思想模式。

怀孕这一可象征化的经验，不管是虚拟的还是真实的，每个女人都把它作为自我和非自我的最隐秘的孕育。它是所有成功移植的典范，是一种"思考他者"、一种异质的"你我之间"、一种对他者快感的宽容、对他者的接纳、无私的馈赠、对身边人的爱、是一个承诺、一个骨肉的希望，让所有绝对的自恋、所有专制的个人主义、所有种族主义都消弭了。这些特殊的能力可以在男人和女人的共同创造——也就是人类的繁衍中——被传递、被分享。

是时候结束厌女症了，是时候让知识、感谢和思想战胜针对女性的"未知的关系"、嫉妒和愚昧无知。是时候结束对"黑色大陆"的幻想。一种女性伦理学应该和曾经赋予一些像兰波、里尔克等诗人-思想家灵感的伦理学不谋而合。保罗·策兰在"不莱梅文学奖"获奖辞中提到"思想"和"感谢"在德语中、

---

① 威尔弗雷德·比昂（Wilfred Bion, 1897—1979）：英国精神分析学家，群体动力学研究的先驱。曾经跟从梅兰妮·克莱因进行分析，加入过塔维斯托克小组，代表作有《群体中的经验》。——译注

有一样的词源,这呼应了海德格尔的观点,后者认为"思想"一词让人联想到"'记忆'之所在、'沉思'和'感谢'①"。

---

① Martin Heidegger, *Qu'appelle-on penser*?, Paris, Quadrige, P. U. F., 1959, p. 160. (马丁·海德格尔,《什么召唤思》)

厌女症的瘟疫

1991 年 6 月 7 日[①]

感谢邀请我参加此次研讨会,让我有机会谈一谈这种十分特殊的种族主义。我非常了解这种种族主义,曾几何时,我本人也是它的受害者和见证人;在人类历史和每一个个体成长的历程中,这种种族主义年代久远,并为人们所熟知。在20年前,受害者们才开始挣脱它的桎梏,打破沉默的局面。对于我来说,我已经30多岁了,连巴尔扎克[②]都认为到了这个年纪,女人就不再是女人了。

如果这是一种种族主义,那么在这里和大家讨论的时候,

①　发表在《种族主义和现代性》(*Racisme et modernité*)一书中,米歇尔·魏维嘉(Michel Wieviorka)主编,"种族主义三日"研讨会论文集;由《过渡》月刊及人类科学之家筹备(1992 年由发现出版社出版)。

②　参见巴尔扎克《三十岁的女人》。——译注

我就会有一种孤立无援的感觉;如果种族主义是对他人快乐的嫉恨,那么厌女症就是种族主义中最糟糕的一种。

厌女症,是最常见的种族主义,因为世界上有一半的人都是它的受害者,这一半人被看成所有人种中的另一个种类,一个被所有人类排除在外、可以随意取笑的"人种";这一半人是受害者,也是残害自己的刽子手;只要刽子手占了上风,那受害者就会遭人嘲笑——想想《驯悍记》①;只要仇恨是非理性的,那受害者就会让人心生恐惧。

这种种族主义仇恨的目标不是某个个体,而是一个庞大的群体,是女人,是女性。但是,感受到这种仇恨的主体既可以是一个女人,也可以是一个男人。

在古希腊语中,仇恨女性的人叫"厌女者"(misogyne)。这个词在 16 世纪被引入法语,在 18 世纪得以确立,作为一个词条被收录到《利特雷词典》(Littré)中。然而,与形成时间距今更近的"种族主义"一词相反,"厌女症"并没有作为一种观念被收录到现代哲学词典中。

为了不对女性产生任何误解,我在这用的是"厌女症"而

---

① 《驯悍记》(*La Mégère apprivoisée*)是莎士比亚早期的喜剧作品,大约成剧于 1590 年至 1594 年间。该剧探索了两性关系以及爱情和金钱的价值等主题,热闹的故事情节背后带有浓厚的文艺复兴时期关怀人的命运以及人与人之间的关系的色彩。——译注

不是"性别歧视"（sexisme）一词，后者是沿用"种族主义"的构词法而来的新词，由于在60年代女性主义者们使用了这个词，所以1975年它被正式收录到词库中。同年，《及埃法语词典》（Quillet）给这个词下了这样一个定义：

> 性别歧视：阳性名词，新词。在社会关系中赋予"性"、尤其是男性力比多以重要地位的行为。沿用"种族主义"的构词法而来，用以形容那些认为男性高于女性（或者女性高于男性），并凌驾于另一性别之上的观念。

在"性别歧视"一词中，受害对象可以互换，而这一情况在"厌女症"一词中是不存在的。5年后，在《及埃-弗拉马里翁插图常用词典》（*Dictionnaire usuel illustré Quillet-Flammarion*）中，可以读到这样的定义：

> 性别歧视：阳性名词。指某一种性别的人相对另一种性别的人处于统治地位，尤见于男性对女性。

"厌女症"一词表达了以女性为对象的憎恶。弗洛伊德在其众多文章中，特别是在其《抑制、症状与焦虑》（*Inhibition, Symptôme et Angoisse*）一文中，用该词来描述男女两性对女性特征或阉割的排斥;"厌女症"也指从该词衍生出来的性别歧视,(这些歧视)从对女性(连带对其理想化)的贬损到对女性的谋杀不一而足。

两性差异有其定律,缘由两性构成的二元对立、二元支配的关系模型,以及一方对另一方的仇恨。有人称这种仇恨为种族主义,这是错误的,因为种族的概念是不明确的。(对此)我有一个假说:这种仇恨根植于全人类对不止半数的人的受虐仇恨。不过,若种族真的不存在,那两性也依然存在。这是长久以来根深蒂固且无法回避的一个现实,有人呼吁进行杂交以消除种族隔阂,以杂交实现均质化,消弭异质,减少非对称性竞争,这会导致物种的贫乏,甚至是物种灭绝。人类是有性繁殖的物种,其生存和繁衍取决于这个现实和原则:人生而有两性,也正因为这样才生生不息。

在厌女者笔下,《343 宣言》(Manifeste des 343)变成了《343 荡妇宣言》(343 salopes);且所有人都乐见其成。但假若把"女性"一词换成"阿拉伯人""黑人"或"犹太人",再用"一群笨蛋"来加以修饰,那么,天下人定会群起而攻之为种族歧视。厌女症形成的原因,甚至所有基要主义将它当成终极武器的理由或许如出一辙,即并不在于"女性是什么",而在于"女性做了什么"。女性拥有男性没有的能力:从男性即父系的精液与女性即母系的卵子结合开始,女性以其特有的身体构造、躯体和情怀来孕育孩子,在个体分化阶段,孕育出会说话、会思考的男孩和女孩。

在仇恨和恐惧之前,"厌女症"的产生源于男性对女性生殖能力的嫉羡。弗洛伊德经过反复考证得出女性无法摆脱对男性的阴茎嫉妒这一结论。然而,在他这唬人的言语之后,是否隐藏着那萦绕在男性心头的对女性的**子宫嫉妒**?从而产生对子宫的排斥,作为一切权力("命根子里出权力","枪杆子里出权力",那么,为何不可以是"笔杆子里出权力")象征的阴茎之树,便在这种子宫嫉妒中生根、茁壮成长。

这个想法在我的脑海中挥之不去,在生我女儿时,这种体会愈发感同身受,几年后,我的这种想法在梅兰妮·克莱因①的研究中得到了很好的表述。1968 年 10 月,在与"厌女症"这种最卑鄙的嫉妒形式进行抗争的女性解放运动中,我取得了一定的政治影响力。男性的这种嫉妒,结合极度的自我膨胀以及对两性之一的排斥,一则导致对女性的贬低,二则导致女性非物质性的、脱离现实的理想化以及女性的虚无。而这

---

① Melanie Klein, *Envie et gratitude*, Paris, Gallimard, 1968. (梅兰妮·克莱因《嫉羡与感恩》)

正是对女性最初的暴力和奴役的根源所在，也是男性所谓的"法则"，即象征秩序。

这种象征法则若不自弃、不自律、不罪己，又如何能将"厌女症"认定为一种犯罪并加以惩戒？象征法则的己罪是让半数人逍遥法外，民主法则应当意识到这种罪恶，对其进行思考和超越。

如果最初的压抑会让作为母亲的女性被低估、被排斥，所有熟悉的事物都要烙上否定（*un*）的标签，怪怖（*unheimlich*）、无意识、陌生、不可知、不可思议，那么厌女症的存在就几乎是理所当然的。事实上，通过把精神分析学家所说的"压抑"当作女性的精神状态，女性就无法获得自我成长——即心理成熟，就会永远地把女性推到后面，子宫（*ustéros*），作为母体（母亲或歇斯底里症患者）被永远被排斥在象征之外，成为不可言说之物，是男人仇恨和恐惧的对象，当她出现在他们或他身边时，她就成了怪物、美杜莎、斯芬克斯。子宫，每个人最熟悉（*heimlich*）的地方，受孕和孕育生命的地方，变成陌生的、令人不安的、不熟悉的怪怖之处（*unheimlich*）。最熟知的变成了未知，*un* 这个否定的前缀从此阻挡了女性的成长之路：不安、未知、不可思议、无意识等等。

产生性别、基因、身份差异的地方将会成为一种歧视的对象，这种歧视是绝对的、古老的，是一种真正的象征性隔离（*a-*

partheid)对象，或者是被排斥、无视平等（indifférence égalitaire)的对象。

现如今思考这一问题如此之难，是因为我们要对付两种类型的厌女症。一种是持传宗接代观点的人，他们继续利用生育期间双方的分工，利用女性的妊娠期，用生育、生养会说话的新生命来奴役她们，不认可女性生育的价值：两性之间在生育问题上无法消弭的不对称导致了没完没了的歧视和不平等；这种厌女症是人们都熟知的。另一种则是平等的普遍主义者，他们近乎偏执地否认最基本的现实原则——人生而有两性，借此将人类简化为虚假的混合中性体，其特征是雄性的、单性别的、同性别的、自恋的、自我分裂的、不孕的，而且完全是利己主义的。只有一个我别无其他，只有一个神，他是圣父或圣子，只有一种力比多，那就是阴茎力比多。

后一种厌女症带着现代、进步的幌子，更难被识别：就像把婴儿和洗澡水一起倒掉，它把两性差别也和歧视一起抹杀了。以它的逻辑，所有赢得只有男性才能拥有的荣誉、知名度和权利的女性，会立刻成为"男性"（如弗洛伦斯·亚尔托①，

① 弗洛朗丝·阿尔托（Florence Arthaud, 1957—2015)：法国传奇船手，第一位赢得"朗姆之路"跨大西洋帆船赛的女性。——译注

111

埃迪特·克勒松①)。这是儿子和"女儿子"②的现代共和国，最具象征意义的跨性别例证就是"女总理"③这一表达方式的出现④。

因此，我同你们探讨的，是这种这种针对女性的憎恨，来自人类当中儿子和"女儿子"对女性的憎恨。

随处可见，一直存在，无论何地何时。在这里，今天，人们侮辱、蔑视、买卖、殴打、强奸、乱伦、蹂躏幼女、少女或妇女，因为她们都是女性。昨晚埃利·威塞尔(Elie Wiesel)说：这里说的人们指的是狂热分子，应该把厌女者也算进去。

这是多大的丑闻，就连提到它都让人感到可耻。这是如此极端，以至于我们的民主都对这种处于他们理想中心的集

---

① 埃迪特·克勒松(Edith Cresson, 1934—)：法国第一位女总理，曾任法国农业部长、外贸部长、欧洲事务部长、夏特罗市长。——译注

② 性别虽为女性，却如同儿子一般，为家族争得荣耀、获得成功等。——译注

③ 法语为 madame le Premier ministre，保留了总理一词的阳性形式，只在前面加上了女士来指称性别。——译注

④ 若斯潘内阁中的女性打破了这一惯例，在总理的支持下要求使用阴性的女部长"Madame la Ministre"这一表述。若斯潘总理在一份通报(1998 年 3 月 6 日)中推广了这一措施，规定在所有国家颁布的官方规章条例和文档中对职业、职务、官阶和头衔类名词进行阴性化，同时成立一个术语委员会。"平等应该在语言中也有所体现"，他在《女人，我写下你的名字》(*Femme, j'écris ton nom*)一书的序言中这样写道(巴黎，法兰西档案，1999 年)。

权视而不见。这是普遍的、世界性的，是一个全球性的、持续的野蛮行径，一场计划好的自我毁灭。

最近几年，女权运动不断提醒大家，历史上屠杀女性的事件经常发生，有时候甚至是大规模的，就像过去在欧洲猎杀女巫，在阿拉伯有活埋女婴的传统文化，在印度把妻子架在柴堆上和死去的丈夫一起焚烧，美其名曰对配偶忠贞。然而这并不是古代才有的现象：第三世界某些国家杀害女婴的传统死灰复燃，以及女婴普遍营养不良。不仅如此，在印度，人们焚烧妇女，只要他们认为女方嫁妆太少或嫁妆到得太晚。另外，我们也知道如今仍在实施的割礼，特别是在非洲。而在法国，也有数百万女性实行了割礼（割礼、锁阴）。最后，被家暴妇女救助中心的存在本身和控告强奸案子的数量都向我们证明，在西方工业化程度较高的国家中，女性也不能幸免于难。

无论和平或战争，对女性来说，地球永远是一个危险的地方，随时都有生命危险。在如今这个世纪，我们重视揭露威胁人性的一切恶习，避免破坏土地、破坏海洋、伤害动物和人类，但我们却从不担心对女性的毁灭。

厌女症观察所①在 1990 年揭露了在法国，妇女的自由和

①　1989 年我在创建民主妇女联盟的同时创建了厌女症观察所。厌女症观察所收集危害女性生命、尊严的事件，监督法律的实施，促进团结，提倡减少和消除歧视的行动，从而致力于为社会的民主化做出贡献。

平等在各个层次，包括经济、政治、思想和象征层面，受到蔑视。在法国，每天有一名妇女被杀害，仅仅因为她是一名女性，1990年有362名女性被杀害。但是在罪名成立之前，杀人犯们可通过以下方式减轻罪行：宣布凶手是疯子，结果是不用对罪行负责任（"刑法"第六十四条），或者宣布是冲动行为，这样就变得情有可原（可获减刑）。法国每年有4000多名妇女被强奸（其中2/3遭到轮奸）。

今天，相较于父权制的共和国，子权制的共和国已经是民主的全面的进步。但，矛盾的是，女性仍然是子权制的受害者，俄狄浦斯在很多地方都失控了，演化出反俄狄浦斯、弑母、杀怪物（monstricide）、阴茎崇拜和恋己癖。"命根子里出权力"成为了涂鸦者笔下的"操你妈"（Mother's fuckers）。那些充满大男子主义的比赛和仪式要么排斥女性，要么用踢足球、斗牛和战争去同化她们。祖鲁人选择把轮奸一名金发碧眼的女性作为成年礼或入伙的仪式。恰恰是一种反种族主义可能会引起一种新的厌女症的肆虐；在"操你妈"（NTM）这句脏话中，用"黑人""犹太人""伙伴"取代"你妈"这个词，你就会明白……

在充斥着暴乱、失业和种族主义的郊区，人们对那些移民、被驱逐、被拘禁的女子的痛苦熟视无睹，这与强制让那些关押在集中营的犯人们闭嘴有什么两样。15岁到25岁之间的阿尔及利亚、摩洛哥和突尼斯女孩是被迫自杀这一社会毒瘤影响最严重的群体,她们的自杀率比同龄的法国女孩高两倍,比她们的兄弟高出5倍之多。

从经济的角度来看,尽管有职业平等方面的法律,但对女性的工作权问题上确实存在一定的容忍度。失业率证实了这种歧视的存在:就业人口的失业率为12%;男性就业人口的失业率为8%,而女性却为14%。60%以上的长期失业者都是适龄就业的女性。

女性一直以来都是交易的对象,而且色情行业正蓬勃发展:在有些国家,未成年少女被送去卖淫却没有任何法律制裁这种行为或者保护她们。

女性在经济和社会方面都处于劣势是因为她们的三重生产劳动从未得到肯定:只有女性才能创造的人类财富一直被忽视,不被认可;在和男人平等工作这方面,她们仍处于劣势。

女性在获得知识、价值和权力方面继续遭到歧视。

从法律的角度看,即使存在"消除对妇女一切形式的歧视"这样的联合国公约,而且该公约得到了所有民主国家及众多发展中国家的认可,然而,在1990年,联合国的秘书长仍然表示,对女性而言,世界上哪儿都不存在民主国家或者发达国家。尽管法国也认可了这项公约,但从 1983 年以来,它也只做了一些谨小慎微、如果不说是畏手畏脚的改革。在女性身份危机时期,反厌女症法(如同反种族歧视法)的缺失,将妇女又送回到面临死亡的现实。厌女症的说法一直遭到否认;人们一直拒绝承认厌恶女人是一种罪,似乎在女性相关的问题上,人们不敢惩罚男人。在刑法改革中,我们一般用"强""弱",以及"反人道的犯罪"这样的措辞,尽管如此,在 3/4 的案例中,施暴者都是男人,而受害者是女人。这种犯罪行为一直没有被命名,所以这种罪不存在,就像之前的强奸罪一样。只要没有命名,那这种罪就可以被否认。法律的作用并不只有惩罚:还有命名、指认和确认。法律应该打破沉默,停止对罪名的否认,给出一个说法。民主的以及使民主化的法律还应引导人思考。

区分性别,让女性获得一种专有的权利,这不仅需要反歧视,还要推进民主化。

从意识形态和文化层面看,在追求出镜、追求成名成功的时代,媒体上随处可见"黄金男孩",不管是在巴里、蒙特还是阿尔及尔,而女性却集体缺席,一文不名、无声无息、不可见、不可触摸。要么就是那些古老的形象卷土重来,母亲或妓女的形象,那些最传统的女性形象。

从象征层面看,宪法序言一直忽视对性别的分类,而大赦国际组织今年已将性别和种族、宗教、信仰一起纳入它的章程。宪法框架存在的这一缺陷,僵化了权利,阻碍了民主化进程和政治的迫切需求。

从政治层面看,1982年,宪法委员会以一种虚伪的平等为由否决了女性配额案①,它是造成妇女在政治上代表性不足和不能继续工作的原因之一。

厌女症是人祸,就像对他者的仇视,我们可从四个角度对它进行分析:

——它有地域性、日常性、普遍性的特征:99％的人会不自觉地厌恶女性;

——一些人宣称自己是大男子主义,他们或天真善良,或下流卑鄙,他们无意中说出的话可能会造成巨大的政治和象征影响,常常就是因为一个男人,这种大男子主义就和一种集体信仰联系在了一起:教皇曾经把堕胎比作纳粹主义。

---

① 1982年,吉赛尔·艾里米(Gisèle Halimi)促使一项规定"候选人名单中同一性别的人数不能超过75％"的法案投票通过。1982年11月18日这项法案被宪法委员为取消,理由是宪法第三条保证所有公民在选举面前一律平等。

——厌女症通过煽动仇恨从个人传递到群体；

——厌女症随时都有可以成为国家行为，主要表现在：质疑妇女应享有的正当权利，不给予她们"神圣不可剥夺的"公民身份，不将她们写入宪法。

那些揭露厌女丑闻的人成了丑闻，那些攻击这种不合理仇恨的人被视为疯子，那些为维护妇女基本权利而斗争的人被视为耻辱甚至是极端分子。

现在，是时候制止这种摧毁女性的行为了！与厌女症作斗争，这是我们民主人士的责任！

与伊莎贝尔·于佩尔对谈

1993 年 12 月 15 日[①]

埋藏在心底的话

不成形的话

沉默的话

与安托瓦内特·福克一起

话语有了模样

思路变得清晰

倾听是宽慰

领悟是欢喜

伊莎贝尔·于佩尔,《电影手册》

---

① 这次对谈 1994 年 3 月发表在《电影手册》第 477 期上,是由于佩尔提议并主编的一期特刊。——原注

于佩尔①：我一直期待与您见面，正如我之前期待与娜塔丽·萨洛特②见面一样。我希望我负责的这期《电影手册》(*Cahiers du cinéma*)的主题是开放的，而不仅仅只谈论电影。

福克：首先，请允许我向您表示感谢。您的提议让我很感动。若再多相差几岁，您的年龄都可以当我女儿了。人们经常指责我这一代女权主义者没有任何东西传给下一代。您希望和我见面，这让我相信还是有东西得到了传递，得到了传承。您的此举让我心存感激。

我还想对您说，我很荣幸能和娜塔丽·萨洛特相提并论；她是我最心仪的作家，我曾盼着她获诺贝尔文学奖，我年轻时很迷她。想当初，为了能见到她，估计让我干什么我都愿意。

于佩尔：娜塔丽·萨洛特可能对您说过，她不喜欢被人当女作家来看。您可能和她谈过这个话题。

福克：她说得对。在我看来，她写作的源泉，或者说她汲取灵感的所在，如果我们对它做一个类似地层切片的分析，我们会发现它是一个尚无性别之分、未见自恋端倪、隐约有内心

---

① 伊莎贝尔·于佩尔(Isabelle Huppert, 1953—)：法国著名女演员。——译注

② 娜塔莉·萨洛特(Nathalie Sarraute, 1900—1999)：法国当代著名新小说派作家及理论家，自1956年《怀疑的时代》出版后成为新小说派的代表人物之一。——译注

冲动的所在。我过去总是认为，娜塔丽·萨洛特是一位将写作从具象转为抽象的作家。在绘画界也发生过同样的变革。在电影界，我不知道这样的变革是否会发生。电影《马利纳》(*Malina*)走出了具象电影去尝试某些抽象的东西。那很难。娜塔丽·萨洛特的写作是基于冲动的写作，也就是弗洛伊德所谓的本能；人们可以说，这种写作是尚无性别之分的，但同时它的构架是女性的，或者说它孕育着女性。它处于酝酿中、胚胎中、孕育中。那是一种具体的写作，有血有肉，生动形象。娜塔莉·萨洛特将真实提升到不可能、不可说、不可信的地步；她让真实变得可感可触，让它被世人阅读。她的做法与作家里尔克①和霍夫曼斯塔尔②不谋而合。但她不是以诗歌的方式去诠释，而是以叙事和小说的方式。

于佩尔：您认为她是唯一一位这么做的作家？

福克：在我看来，她追随了弗吉尼亚·伍尔夫开辟的道路，但她走得更远。而且最难能可贵的是，她没有发疯，如果我们可以这么说的话。

于佩尔：是的，她是在疯狂的边缘创作的。她的作品和她本人之间的联系完全是不可见的，这和弗吉尼亚·伍尔夫正

---

① 里尔克(Rilke，1875—1926)：奥地利诗人。——译注

② 霍夫曼斯塔尔（Hofmannsthal，1874—1929）：奥地利作家、诗人。——译注

好相反,后者是从生活和人生变故中汲取素材的。在娜塔丽·萨洛特的作品中,人们从表面上找不出其生活的蛛丝马迹。她的作品所呈现的是她自身不可见的东西。这对我来说是一个非常神秘的地方,也是她的秘诀所在。

福克:她是真相的开拓者。她与我称之为极端无意识的东西在对抗。这种极端无意识比无意识埋藏得更深,更不具象。那是一个不成形、不定性的区间。在《童年》(*Enfance*)一书中,她揭示了她的自我防卫机制、她是如何布局如何谋篇构章的;她的具体做法和尺度,她是怎么处理或不处理和她母亲的关系。这不是一种女性写作,但在文学领域,的确是一个女人完成了这一美妙的壮举。

似乎没有人想把《马尔特罗》(*Martereau*)或《天象仪》(*Planétarium*)拍成电影。您认为是否存在一些文学形式是不能被转化为电影的?

于佩尔:正好相反。从我作为演员的角度来看,我认为她通过人物所体现的精神状态是完全可以表演出来的。我甚至可以说它们比那些所谓中规中矩的角色更好演。她把生活捕捉得那么到位,在我看来这些都是可以演绎的。正如您之前说所的,她的作品是有血有肉的。

福克:我将电影《马利纳》和《爱过之后》(*Après l'amour*)又看了一遍,我觉得在这两部电影中,您是一位作家,但是两种风格迥异的作家。应该给这些不同类型的电影找到对应的称谓，就像巴特当初所谓的写手和作家的区别，或许可能有点不贴切。

于佩尔：是的，就像普通演员和老戏骨的区别。在我看来，普通演员在塑造角色的时候会用力过猛。我一直都在问自己一个问题，在电影中，我是主体还是客体。我感觉自己更像是一个主体，而不是一个客体，尽管我很清楚主体和客体之间的界线或许是无法逾越的。通常人们出于偏见不都这么说吗，演员不就只是一个客体吗？在电影中，我希望自己既是主体又是客体，也就是说可以有一个退一步审视自我的空间。而且，这既是一种自由也是一种束缚，因为除了用双重眼光看自己所扮演的角色之外我别无他法。为什么说是双重眼光呢？原则上说，只有导演才应该有退一步去审视角色的眼光。当我用这种方法去分析人物的时候，我更接近一个作家而不是一个演员。

福克：去揣摩作者的创作意图，这在您的电影中完全看得出来。在您那里，演员要比他所扮演的角色更为重要。是演员的内心感受到了角色，而不是演员给自己套上角色的皮囊和服装。是角色要走进您的内心，让自己化身为您。

我第一次在电影《花边女工》(*La Dentellière*) 和《印第安人仍远》(*Les Indiens sont encore loin*) 中看到您时，您让我立

刻想起英格丽·褒曼。我下意识地把您和她放在一起。小时候，我看过电影《爱德华医生》（*La Maison du Dr Edwards*），她在这部电影中扮演一名精神分析师，是她把格里高利·派克从负罪感中拯救出来。在这部电影里，我第一次接触到了精神分析，我的第一个移情对象是英格丽·褒曼。她的角色有别于电影给女主设定的"玩偶"的形象——这是希区柯克的高明之处——，让我发现了移情的作用。在整个故事中，褒曼积极尝试去解开精神病患者的心结。正是通过女演员的表演，观众才对这种心理转变和无意识感同身受。

事实上，女演员一直都把自己当作移情的对象，至少会表现得很自恋，因此类似被观看的玩偶。在《花边女工》和《印第安人仍远》里，您一开始就在您饰演堕入滚滚红尘不能抽身的女主和您自己之间拉开了一个距离。这种间离产生了一种涤净心灵的效果。不管是男观众还是女观众都可以对影片里发生的事情进行分析和思索，尽管和我最近重看的您的很多电影一样，女主大多都自甘堕落、还坐了牢，最后要么死去要么发疯。

就算导演们对女性角色的构思如出一辙，女演员也可以通过她置身其中或她刻意营造的间离效果，让一切变得清晰，让观众明白这个世界为什么是支离破碎的，为什么是堕落败坏的。在您的电影里，这种间离很明显，这是一个创新之举，也是您的表演风格。这种手法非常新颖。当然,您本身也是一心追求创新的女演员,和角色一直保持一定的距离。您在拍《花边女工》的时候,意识到这个问题了吗?

于佩尔:完全没有,不过我早就意识到,或者不如说本能地感到,我要做的女演员和传统意义上的艳星不太一样。它应该是一种很鲜活的体验,而不是对前人的模仿。是全身心的投入,势必要探求真相的秘密。

福克:您接触过精神分析疗法吗?

于佩尔:我开始演电影那会儿,也就是 20 岁的时候做过一次精神分析治疗。我早就知道大家对女演员有些刻板印象和成见,而且我也不想做那种女演员。我认为,做女演员首先就得把某种痛苦的东西给表现出来,我所说的痛苦可能只是一个眼神。

福克:谁的眼神? 别人的还是您自己的?

于佩尔:我自己的眼神。看到真相的目光。我所说的痛苦或许就是指这个。

福克:维奥莱特·诺齐埃尔既被自己的父亲"偷窥",也坦承自己爱偷窥别人。您在《鳟鱼》里扮演的女主也是这种人。女演员几乎不得不拍的各种暴露戏,您都演过。

于佩尔:我觉得从一开始,我就在追求真相。有些演员经常说很享受沉浸在角色里的快感,享受那种不真实、伪装自己的感觉,认为他们拥有了别样的人生。我一直都觉得这种话怪怪的,我从不认为当女演员就得去经历别样的人生。对我而言,恰恰相反,演戏是一种对自身的不断挖掘,是向内走而不是向外冲,是往内心深处的探寻。这跟您刚才说的不谋而合,说到底,是角色来找我,不是我去找角色。也是从这个意义上,我把当演员的体验跟写作做一点类比。当然我指的是自传作家,因为也有写小说的作家。我觉得当演员绝对不是放弃自我去成为他者,相反,是去寻求我是谁。当然,这个我是永远都探究不清的。

但从那以后,我还发现,真相不仅仅只有痛苦和悲惨,它也可以是轻盈的、自在的,单纯的对生活的热望。

福克:您说的这些应该可以算是"女演员的悖论"了:力求真实,指的是要摆脱精神分析师所说的"**假我**",也就是"伪装"人格。您一边得去接近真我,一边又得和假我分离开来,也就是说,您一边扮演角色,一边又要将戏中人与您自身区分开,这似乎有点矛盾。

于佩尔:对,确实挺矛盾的,但只有在扮成别人的时候才会更好地袒露自我。

福克:这需要一种双重的努力,一种翻转。弗洛伊德引用米开朗基罗的话来谈论艺术的两种可行性:"*Un per via di posare, un per via di levare.*"(一法曰添加,一法是曰去除),

画家的工作是把颜料添上去,而雕刻家的工作是把多余的材料去掉。您的表演技巧更像是在雕刻,您先把边角剔除干净,塑造出一个自我,一个真我。看似矛盾,其实很有道理。您的表演态度很当代,打破了虚构、戏服与角色设定的桎梏。艺术家追求真或实,您的探索更像一个艺术家或创作者,而不是演员。

于佩尔:我不知道自己算不算得上艺术家。

福克:艺术家指的是那些尝试改变现实的人。您不喜欢艺术家这个说法?

于佩尔:我觉得自己对这个词没有认同感吧。对我而言,艺术家跟"被诅咒的艺术家①"是密切相关的。而且现在艺术家不再"被诅咒"了。太多人想要艺术家这个称号了,因为这个称号能让赋予他们合法性。

福克:我称呼某一类人时会用"艺术家"这个词。我工作、实践并做理论研究多年,之后便思索女性如何去改变那个困住她们的社会结构而不是去逃避它,如何用女性的身份去表现去言说。她们可以有好几种话语模式:说胡话、缄默或用天生的女同性恋者的话语模式,这些话语模式总会

---

① "被诅咒的艺术家":源于"被诅咒的诗人"(les poètes maudits);通常指诗人不易为世人所理解,他们离经叛道、狂妄、不合群、自甘堕落,嗜酒如命,沉溺于毒品,作品晦涩难懂,一般身后才能得到赏识。——译注

在某个时候陷入空白,陷入情绪的最低谷,变成虚无,变成逾期失效,被排除在象征和话语的场域之外;或者是女演员,被男权话语操控自以为变了性别的癔病患者的话语模式;当然还有我称之为女艺术家、女作家的话语模式。那是痛不欲生的弗吉尼亚·伍尔芙的话语模式。是克拉丽丝·李斯佩克朵①、英格博格·巴赫曼②、玛琳娜·茨维塔耶娃③的话语模式,她们试图通过写作表达自我,但常常都以自杀或发疯收场。她们不希望自己只是和女演员一样,成为他人文本的传声筒。

于佩尔:对我而言,是用不同的方式占领这一领域,用一种旁敲侧击的形式,和通常男演员的方式不同,在电影里,他们和导演的关系更加正面、更加直接。

福克:开创自己的领域,或者说开辟自己的领地;这近乎动物本能,或许这恰恰也是人的天性。

于佩尔:您刚刚谈到了女性的抉择:要么保持沉默,要么

---

① 克拉丽丝·李斯佩克朵(Clarice Lispector, 1920—1977):出生于乌克兰犹太家庭的巴西女作家,著有《濒于狂野的心》《光》《围困之城》《黑暗中的苹果》《家庭纽带》等。——译注

② 英格博格·巴赫曼(Ingeborg Bachmann, 1926—1973):奥地利女作家,其主要成就是抒情诗创作,著有《延迟支付的时间》。——译注

③ 玛琳娜·茨维塔耶娃(Marina Tsvetaïeva, 1892—1941):俄罗斯著名诗人、散文家、剧作家。她的诗以生命和死亡、爱情和艺术、时代和祖国等大事为主题,被誉为不朽的、纪念碑式的诗篇。——译注

一直把自己当男扮女装的变性人，要么……

福克：对，我一直认为这跟用头走路一样不正常。人生而有两性，但所有管控我们的法律都只考虑一种性别，而这起源于一神论：世上只存在一个神。女性并没有神的身份。圣母玛利亚只是一位女圣人：她圣洁但并不被奉为神明。因此，在母性、生育和女神明这三方面，女性并没有得到认同，相反，她们拥有的所有价值观念都服从于这唯"一"的结构：只有一个神，只有天父。这个世界忽略了两性的存在：这否认了事实，是反常的、变态的。男性让自己适应这种普遍的反常的环境。在《鳟鱼》(La Truite)这部电影中，丈夫这一角色是同性恋。若他不是同性恋，那他便通奸或乱伦。在弗洛伊德看来，有女儿的男人若要避免和自己的女儿乱伦，势必就要在外拈花惹草。他的妻子不能满足他的需求。女性因此被置于这一变态的社会结构之中。她们有一种我称之为衍生的变态想法。不论是维奥莱塔·诺齐埃尔①还是包法利夫人②，这两个角色都

---

① 维奥莱特·诺齐埃尔(Violette Nozière)是同名电影的女主人公，影片根据 30 年代发生的一起真实事件改编，讲述一个少女如何从父母的掌上明珠沦为杀害父母的凶手。维奥莱特似乎是天生的坏女孩，偷钱、撒谎、卖淫。最后为了继承遗产她给父亲下毒，将父亲毒死。——译注
② 《包法利夫人》中，受过贵族化教育的农家女爱玛瞧不起当乡镇医生的丈夫包法利，梦想着传奇浪漫的爱情。可是她的两度偷情非但没有给她带来幸福，却使她自己成为高利贷者盘剥的对象。最后她积债如山，走投无路，只好服毒自尽。——译注

是像厄科一样的女子，都是衍生的变态之人，她们回应的是那喀索斯变态的自恋，因为厄科再现了那喀索斯法则。

但我想问问您：您是谁？接下来您有什么打算？您的表演一点都不逼真。感觉不像在演戏，剑走偏锋有点让人捉摸不透。

于佩尔：确实如此。因为《奥兰多》(*Orlando*)，我发现了一些十分独特的东西。鲍伯·威尔逊真的和写实派的导演截然不同。和他一起工作时，我们置身在一个抽象的世界，但我从未感觉如此贴近自己的内心。这有点类似于您谈到的娜塔丽·萨洛特的情形。也许与其说它是抽象的，倒不如说它是非具象的，但它创造出生活，创造出情欲，因为没有明确的形象赋予表演完全的自由。我在《奥兰多》这部作品中所做的仅仅只是做我自己。同时我也对双性同体(androgynie)有了认识，对自身的双性同体有了认识。然而，我曾倾向于表示，角色并没有教会我任何东西，它们只是证实了我已经知道的东西。我当时最先想到的两个故事是《美人鱼》(*La Petite Sirène*)和《卖火柴的小女孩》(*La Petite Fille aux allumettes*)，两则安徒生童话，它们丰富了我的想象。前者为爱而死，后者因冷而亡。但在《美人鱼》中，也有双性同体的概念。这鱼尾便是无性别的表现。我认为我在《奥兰多》中所发现的，是双性同体，对一名女演员来说，这不只是性别紊乱或是反串可能性，更多的是在主动与被动间抉择的困难。弗吉尼亚·伍尔夫意识到这一困难。娜塔丽·萨洛特使我记起弗吉尼亚·伍尔夫曾说过，作家是双性同体，犹如在两性中间、在男女之间存在一种颠覆，而这种颠覆既不属于积极主动的一方，也不属于消极被动的一方。

福克：这种颠覆源自游戏。您不认为这与童年密切相关吗？

于佩尔：太对了。在《奥兰多》中，一切都有游戏的色彩，所有探索、游梦、性别替换都和童年密切相关。因此，在双性同体的女性的表达中，童年既是一个避难所，也象征着一种反抗。

福克：的确，在《奥兰多》中，"重现的童年"处处可见，正如波德莱尔在谈到天才时说的，"被清晰描绘出来的童年"。而您和鲍伯·威尔逊对角色的要求让"童年"的形式至臻完美，可以打开所有的"抽屉"。这种双性同体和童年一样有丰富的内涵。我们可以探究一辈子。而这有点像娜塔丽·萨洛特所做的事。这位作家最近的作品中有一篇名叫《童年》，这绝非偶然。我们回到了源头：这是一种创造、创作的方法。您是如何将这种双性同体与做女人、做母亲的生活和经验联系的呢？

于佩尔：我不清楚，我并没有将这两者联系起来：一方面是我的生活，另一方面是自我投射。也许这两者有联系，但我不知道联系在哪里。从表面来看，两者没有联系。

福克：对于一名女演员而言，经历双性同体肯定是至关重要的，不然她便走向死亡。葛丽泰·嘉宝[①]与玛蒂妮·卡洛[②]便是如此。嘉宝可能做了您刚所说的，她把生活和自我的投射分开，因此挽救了自己的人生。所有人都在谈论嘉宝之谜。为什么没有人认为她的极致诱惑力或令人着迷的魅力与她是同性恋有关呢？因为把生活和自我的投射分开了，她没有自杀。我认为在女性身上有某种象征性的同性恋倾向：这恰恰不是通过男扮女装所表现出来或被体验的女同性恋经验，而是完全来自内心的想法，对女孩和男孩而言，那是和自己爱恋的第一个对象，也就是母亲所维系的关系。那种亲密关系留下的印记。

于佩尔：这或许让我更好地理解为什么我冒险体验双性同体了。为何您说这可能是女演员的救赎呢？

福克：因为就如作家一样，对于女演员而言，把自身男性化的一面发挥出来，就可以演绎性别差异，而不会任由自己完

---

① 葛丽泰·嘉宝（Greta Garbo, 1905—1990）：生于瑞典首都斯德哥尔摩，原名葛丽泰·洛维萨·格斯塔夫森，好莱坞默片时代的电影皇后。1925年进入好莱坞并辉煌一时，但于1941年她突然隐退。她离群索居终生独身，除了在银幕上见到她之外，人们很少了解现实生活中的嘉宝。这成为好莱坞的"斯芬克斯"之谜。——译注

② 玛蒂妮·卡洛（Martine Carol, 1920—1967）：法国女演员。——译注

全被没有准入权的女性身份所困。

于佩尔：因此，双性同体是为了让演员可以自我保护，不受她所扮演的某种女性形象的危害。

福克：这也使我想到伯格曼[①]和他的电影《角色》（*Persona*），还有卡萨维兹[②]和他的电影《权势下的女人》（*Une femme sous influence*）、《首演之夜》（*Opening Night*）。卡萨维兹对被身份所困的女性的刻画惟妙惟肖。"权势下的女人"已经成了所有以描绘受某种变态心理困扰的女性电影的主题，这种心理是从属于男性变态心理的，由它衍生出来的。我很难想像如何能把女性的疯狂搬上银幕。我常常琢磨，这些大牌男导演以后还能怎么拍，而女导演是否会带来不同的视角。

于佩尔：嘉宝很好地演绎了这个矛盾的刹那，有什么在隐退又有什么在显现的那个若明若暗的心绪。我认为，对于一个女演员来说，关键就在于此。如何做到既"可见"又"不可见"。理想的情形是在银幕上，要把可见的东西隐去，而把不可见的东西表现出来。刚才您问我接下来有什么打算，其实我也不知道，但我想我将一直试图探求事物的本质，做好每一

---

　　① 伯格曼（Ernst Ingmar Bergman, 1918—2007）：瑞典著名的电影、电视剧、戏剧三栖导演。——译注
　　② 卡萨维兹（John Cassavetes, 1929—1989）：希腊裔美国演员、实验电影导演、剧作家。——译注

件事情。

福克：积极探寻人和事物的本质。您曾想过当导演吗?

于佩尔：现在还不是时候，我想很久以后会的，虽然还很遥远，但这一天终会到来。现在，我感觉自己完完全全是一名女演员，即使我感觉自己既是主体也是客体，但我还是很难放弃这种被观看、被诱惑的客体状态，我感觉自己从头到脚都只是一名女演员。

福克：女演员这一职业是如何影响您的生活和您的女性身份的?

于佩尔：话也可以反过来说，生活也会影响女演员这一职业。身为一名女演员，也是和世界相处的一种方式，一种入世或出世的方式。演员演绎的是精神状态，是冲动。

福克：这和激情有关。"état"(法语"状态")在拉丁语中对应一个"词形被动但词义主动"的动词。我们可以说一种状态是一个被动的行为或一个主动的冲动，它不会在某个时刻停止，它会出现在您的梦中，萦绕在您的心头。在本人和角色之间，本人与这些占据您的肉身、无意识和思想的"客人"之间，您是如何一直进行角色转移的? 这些占据您的肉身、无意识和思想的"客人"，对您而言意味着什么?

于佩尔：我认为在《奥兰多》中，我认为是三位一体：无意识、思想和肉身。在戏剧中，因为更多展现的是演员的体态，所以更需要掌控自己的身体,正如鲍勃·威尔逊的戏剧再现记忆中童年的行为和神情,还有小女孩跳的舞蹈。我仿佛看到我的女儿正在跳舞,因为我看到了同样的舞姿。我在《奥兰多》中只是在表演,尽量表演得更像一些。之前我在自己身上找不到这种反叛精神,缺乏自我解放的渴望,而《奥兰多》给了我很大的启示。即使我们感到是自由的,但我们总是想更加自由,不是吗?您或许会说女演员已经获得了一定程度的自由,但事实上,一直以来,我们总是幻想拥有绝对的自由。因为一个接一个的角色总是让我隐约地看到自身的潜力和不同的状态,在生活中我始终感觉自己好像处于危险之中,仿佛时刻处于悬崖边。

福克:就像您说的,当您"处于悬崖边"时,您没有感觉到您在演戏吗?是否有什么东西在建构,或许您自身是抗拒的,但它就在那里,可以让您依靠?

于佩尔:不,不是那么回事。一个女演员始终觉得自己既什么都是又什么都不是。这是女演员的"癔病"。

福克:您是否有过这种感觉:所有抽屉都打开了,自我的各种状态都淋漓尽致地表现出来了?还没有被表达的女性自我和女性冲动有哪些?

于佩尔:"自由之我"。

福克:在小女孩的世界里,显然那也有小男孩,比如小拇指①(Petit Poucet)，他救了家人，是孩子王。但这样的角色没有给到我们。

于佩尔：这正是我以后想要进入的状态。我想赋予包法利夫人某种傲慢的气质，对她的所作所为有一种理解。我认为，傲慢让她的形象显得更加摩登。像福楼拜一样，我给了观众理解故事内外的运作机制的机会。在拍摄的过程中，我就一直在想，包法利夫人是文学领域第一个伟大的女权主义形象，她尽其所能(天知道能力是否真的有限)去抗争，预示了后来女性重大的抗争。

福克：英格博格·巴赫曼在《马利纳》中说，她在所有书中都说过一样的话，女性学习下国际象棋但又总是输棋。而某种女权主义是想让我们相信在女权运动中是存在自由和解放的。

于佩尔：您不相信吗？

福克：一开始，我想寻求一种超越女权主义的伦理，也就是说一种思想。我想要探索这种思想并了解其局限，这就是

---

① 《小拇指》是知名的法国童话。从前有一个樵夫，生了很多孩子，其中最小的那个只有小指头那么大，他常常受到哥哥们的嘲笑。但是小拇指却有机灵的头脑。因为饥荒，樵夫无法养活孩子，只好把孩子们扔到山里。孩子们遇到了食人魔，十分危险。小拇指用自己的机智战胜了食人魔，救了自己和哥哥们。小拇指还因为得到食人魔的宝物红靴能日行千里，成了国王的使者，从此使全家过上了富裕的生活。——译注

我所做的。有人指责我说我是反女权的。我们在1968年开始女权运动的时候，我们是有超越女权主义的能力的。我们有思想作为超越的工具，尤其是在法国，有像拉康、德里达这类思想家，还有我们自己，带着我们的经验去超越女权主义，说到底，也就是超越一种癔病的形式。我的计划就是在女权主义和癔病失败的地方爬起来取得成功。

风险是巨大的。我扪心自问了很久。重建女儿和母亲的特殊关系，就要试图炸毁"一"、一神论、"只有一个神"以及单一化民主的堡垒。在雅典，只有男性才是公民，说到底，这里也是这种情况。男性人人在权利上自由而平等，但女性却被排除在外。要揭示这个把父权制、神、黄金、语言以及一元论的逻辑强加给我们的世界，而事实上它是二元的。人生而有两种性别，它们不仅仅是不同的，而且在生育过程中的分工也不是对等的。男性做的所有事情女性都能做，或者说几乎都能做，但女性还能怀孕。这里我可能跳出了关于弗吉尼亚·伍尔夫以及我们可以说是性成熟前的双性同体的问题。作为一个女演员，她堪称完美，但作为一个作家，她没能阻止自己自杀。达洛维夫人被她的女儿所救，弗吉尼亚·伍尔夫却永远不能有女儿，因为她丈夫和医生不允许她生孩子，认定她得在创作和生孩子中选一样。如果她有一个或几个孩子的话，很可能她就不会自杀了。

我认为这种从母亲到女儿再到母亲的实践、学习以及能力的转变所体现的女性谱系,完全不是关于母性思想的倒退,而可能是承载着别的东西而非一种旧有的模式,被列维纳斯这样的哲学家们称为伦理学的东西,就像迎接他者。女性有这种迎接他者的能力,一种和怀孕维系在一起的积极包容的能力。而我们是会说话的人,这并不仅仅是种生理能力,同时也是种想象和象征的能力。正因为如此,一名出色的女演员,不是钻进角色里,而是向角色敞开怀抱,也就是说,让角色走进她的心里,身体里,甚至是子宫里,有何不可呢? 一个女人的怀孕、生育,是唯一一种身体和心灵接受另一陌生身体的自然现象。这是各种移植的范式。

这种接纳的能力,当然一些男性也有。通过看《奥兰多》,我认为鲍勃·威尔逊(Bob Wilson)让您变成了像子宫一样的容器。您说这种转变是从无意识到无意识,但其实几乎就是从肉体到肉体,仿佛它让您再次降生。突然间,一个新的诞生,一件新事物。同时,也不排除把自己的身体给了奥兰多之后,您在他身上孕育了他怀孕所需的某种东西。这是一种相互作用的关系,因为他的确有一些女性的能力。双性同体以性成熟前无性意识的方式发生,它也可以以双重孕育的神话和传说的方式发生。

您呢,您有做母亲的经历,也有做演员的经历。正是这样,这个问题让我很感兴趣,就是宁做角色的容器而不做他们的内容。精神分析也是如此。如果精神分析师是一个货真价实的精神分析师,如果他有胸襟,他就会做一个容器,让你降生到这个世界。我认为弗洛伊德所有的理论都基于他想有一个子宫的念头之上。男性想要子宫的欲望就像女性想要阴茎一样,甚至更强烈。在他妻子怀孕的时候,用弗洛伊德自己的话说,他孕育了《梦的解析》(*L'interprétaion des rêves*)。在1973年,我拍摄了一部关于弗洛伊德《女同性恋案例的心理成因》(*Psychogenèse d'un cas d'homosexualité féminine*)的影片。在弗洛伊德分析的所有女同性恋案例中,他相信父亲是女儿情感的中心,他没有发现女儿已经移情到母亲或是一位女性身上。在这种情况下,女同性恋者会爱上电影里的女演员。那么在精神分析、年轻的女同性恋者和电影女演员之间会发生什么呢?女演员是如何变成了梦想和情感的寄托?她如何同时表现不同类型和不同性别?

也有人在生育面前止步,像露·安德烈亚斯-莎乐美①。她思考女性品质和价值的象征化之类的东西,但她一直都是

---

① 露·安德烈亚斯-莎乐美(Lou Andreas-Salomé, 1861—1937):作家、女权主义者,19世纪晚期欧洲大陆知识沙龙所共享的"玫瑰",俄罗斯流亡贵族之女。她是一位征服天才的女性,为尼采所深爱、受弗洛伊德赏识、与里尔克同居同游。——译注

神秘主义者。这种神秘化为肉身,之后燃烧,化作青烟,或像《美人鱼》一样,化为云朵。她追求精神的境界,她不会把她的体验进行到底,那种体验就是您所谓的将不可见变成可见。说到底,不可见就是肉体,就是内心。它就是会思考的原材料本身,是梦想和冲动的作品。也许最初并不是神谕,而是肉体,是这种潜在的无意识的形式,产前的无意识。

母体与胎儿之间有着生理和精神的交流,但我们对此并不是完全了解的。比如,我们不知道怀孕的母亲和胎儿是否会分享他们的梦。不论是哪种情况,母体和胎儿之间都有大量交流,这些交流就是情感转移的途径和范式。此外,一个怀孕的母亲,不仅只是做做梦,她还会倾听胎儿,跟它说话。这对我而言就像是语言起源的场景。我认为是母亲想要与胎儿,之后是和孩子交流,因此发明了可以听懂的语言,女人都是人类文明的创造者。

男性不能回到生育的体验,而女性可以,她们用一种主动的方式回到她们曾经以被动的方式经历过的一切。她们以前是容器里装的内容,而现在她们可以成为容器。这是非常了不起的。我认为也是因为这个我们才受到迫害。我认为神和一神论是生育的替代品。创世纪则是生育的另一种想象的、虚幻的形式。神是那个梦想成为一个容器的儿子。他不是造出来的,他造了男人,然后从男人身上取出了女人。这是一种颠倒,只要女性还没有把这个世界摆正,那么我们就跟倒着头着地走路一样荒唐。有一项研究对女性内心体会到的这一经验作了调查,这种由内而外的体验。精神分析还没有关注到这一点。我们谈论母亲,谈论出生的孩子,但从来不谈产前的那段时间。但为什么懂得生育的女性要让自己掉入女权主义的陷阱呢?

于佩尔:女权主义的陷阱? 这太过分了……

福克:我认为女权主义想要把创作和生育区分开来,并强迫女性进行选择,比如在拍电影和生孩子之间作选择。它让女性牺牲自己的一部分。如果她们两件事都做过,那一定是两件事分开做的。我认为在 21 世纪,我们将会有办法在创作和生育之间搭建起一个桥梁。

于佩尔:您刚才说的理论我自己深有体会。我很早就非常想要孩子。我深信做演员和做妈妈其实是一样的,二者都是一个类似的角色转变并且都有着同样的期许——很多人都称演员的工作是"生出一个角色"——二者完全不是对立的。

福克:我怀孕的时候还很天真,不管怎么说,我知道自己想要孩子,但我被怀孕的种种情况弄懵了,像是做了一场梦。我们说怀上孩子了,怀上是一种状态,跟做梦一样的状态。但同时,怀孕是每天 24 小时不间断地在进行。

于佩尔:不知道您是否看过杰克·克莱顿①(Jack Clayton)的电影《吃南瓜的人》(*The Pumpkin Eater*)。那是部很美的电影,在影片中,女主角安娜·班克罗夫特(Ann Bancroft)一直都在怀孕。和您刚才描述的相比,"容器"这个概念在电影中通过一种更加负面的方式表现出来;电影中还有一种观念,一个"容器"如果没有被装满,它就是空的。

福克:这么说不对,因为那是一个会变化、会赋予生命的"容器",而不是一个花瓶。

于佩尔:您在谈到女作家的时候,有什么东西让我联想到了"空虚",某种让我感觉很强烈的东西。我常常觉得一个女演员是空虚的,她的工作就是不断地充实自己,她在等待被填满,那种空虚的感觉常常是痛苦的。

福克:您的作品让我想到一种写作风格,一种会在句子中留白,留下片刻沉默的风格。就像您的某个眼神,肤色的变化或一种透明的感觉,在女演员脸上仿佛可以出现的一个面具,这个和化妆、灯光没有任何关系,但这却让内心晦暗或透亮的东西显现了出来,抑或是处于两者之间,某种半明半暗的情感。或许甚至跟某种非具象艺术一样有点不成形。但它却很

① 杰克·克莱顿(Jack Clayton, 1921—1995):英国电影导演,擅长将文学作品搬上银幕。——译注

具体，就像肉体和冲动，某种内心的东西显现出来。在我看来，那是一种比弗洛伊德的无意识——基本的无意识——更性感的无意识。我一直认为肉体是第五元素。小美人鱼让人想到水和空气，圣女贞德或马利纳让人想到火，而您让人想到土，因为常常有人把您跟村姑相比。事实上，这四种元素对于人而言最终仅汇聚成一个元素，那就是肉体，而肉体正是这四种元素的精华。同时，肉身还会思考。这种思考是本能的、原始的、古老的。

于佩尔：事实上，您很清楚地说出了有时候我模模糊糊感受到的那种状态。我有点忐忑，因为我感觉自己有抽象的能力，但不一定有表现这种抽象的能力。正因为如此我才成了一名女演员。我不善于写作，不善于使词语具象化。我认为我进入了一种不用语言表达的境界，而这对从事女演员这一行来说是必要的。或者不如说，做女演员可能是唯一不用语言表达的表达方式。您问我有没有想过要当导演；在我看来，当导演是需要用语言表达的。我也许处于您所说的无意识状态，但我也在研究这种不用语言表达的表演方式。我既在思考，也在放弃用语言表达。

福克：但您表达得很好。思考是先于文字的。真正的思考不是哲学，也不是理论。精神分析的妙处就在于它允许人们带着冲动去思考，不受语言的束缚，但这些思考慢慢变得有条理有秩序，慢慢变得清晰。突然之间，我们就能做出一个行动，这不是具体行动的过渡，而是一个思考的行动，在别处，在内心的一个行动，而它可以外化表现出来。有什么东西在酝酿，就像在梦中一样。科莱特①的每一次蜕变都是值得我们追随的榜样：少女、女同性恋，然后是女演员、女艺术家、女作家，之后在个人经验的传承上她与她母亲和她女儿间的关系，她与真实、物质世界、自然和动物的关系。孩子们都很喜欢她，我也曾把《动物对话》（*Dialogue de bêtes*）读给我的女儿听。科莱特，那就是生动的语言。但是，我很遗憾她没有投身到女权运动中去。在这一点上她的头脑似乎不够清醒。

于佩尔：我希望您能继续谈谈女权主义。

福克：这那个女权主义的年代，所有人都是女权主义者，所有人都以为我是女权主义者。西蒙娜·德·波伏瓦对精神分析很反感——而安娜，她的《名士风流》中的一个女主人公，是精神分析师，但有很强的恋父情结，非常依恋她父亲——，波伏瓦还对她所谓的母性抱有恨意。她没有看怀孕这一现象蕴含的伦理维度的意义，而且没有把怀孕、用自己的身体孕育出新生命当作是某种自恋的体验。在那个女权主义的年代，人人都认为每个人都是女权主义者，当时有这样一种逻辑范

---

① 科莱特（Colette，1873—1948）：法国女作家、演员、记者。——译注

式:两个人当中有一个是女人,而两个人当中两个都将是男人。女性的未来就是和其他人一样,成为男人。

于佩尔:我感觉现在女人生孩子就是为了验证您刚刚所言非虚。

福克:是啊,现在我们终于走出不要生育的迷思了。幸好……

于佩尔:我觉得生孩子和当演员我都很喜欢。

福克:这是出于一种空虚还是一种要创造生命的欲望?

于佩尔:要创造生命的欲望。

福克:您将创造一个小小的奇迹,一个惊喜。有什么事比孩子诞生更重大呢?当然,也可以指隐喻意义上的诞生,比如一个角色、一出戏剧、一部电影。

于佩尔:假如生活中只有隐喻,我会觉得很难忍受。隐喻的存在必须以现实为基础。在《马利纳》这部电影的拍摄过程中我感到非常惬意,非常愉快,因为我的孩子们也在场。当时是夏天,我一边拍摄电影一边带孩子。具体来说,我可以在走廊里跟我儿子玩皮球,随后立即回去拍电影,哪怕是拍摄一些很难演的戏。大多数的情况就是这样。我觉得这是一种不断转移重心的方法。可能有人会觉得拍电影是重心,而事实上陪伴孩子才是重心,角色和拍摄都是次要的。但是主次关系是要有重心之后才存在的。当然,在对孩子的渴望里,也蕴含着对回到自己的童年以及重现童年的渴望。

福克：在很多电影里面您都很平静，我们最终发现其实并不是在您身上缺少某种东西。在电影《情人奴奴》(*Loulou*)里面，您很文静。一个女人只要她不觉得空虚，自我感觉良好，癔病就会倒向男人的一面。弗洛伊德的重要贡献之一，就是指出了癔病并不是某种性别所特有的，这一点在您所扮演的所有角色中都得到了体现。我敢肯定您的心中萦绕着一种想法，您懂得它是什么，但您对它不一定有理论上的认识。那是一种宁静的力量，是某种行得通的东西。如果给您拍摄的所有电影做一个总结，我们会看到所有的电影就像您自己的创作一样，是您作为女性赋予电影当代的意义。可以为您写一个好剧本，女主角是一个自我实现的当代女性。

于佩尔：是的，我觉得我是通过自己拍过的所有那些电影来打造我自己的电影的。电影里所有女人的命运都是对女性现状以及我自己生活的隐喻。

福克：女演员有一种道德作用。她们处于欲望的中心。青少年时期，我们寻找新的认可，我们在改变，但不是观点变了，而是欲望在改变。最重要的事情之一，就是让年轻姑娘拥有对美好的向往。

于佩尔：也要冒点风险，让她们拥有一些看起来或许像邪念的向往。

福克：对美好的向往，不是高尚的思想！当然高尚的思想也需要有美的形式去表达。

于佩尔：对于我而言，重要的是节奏。在电影《马利纳》里面，就有一种节奏，有些时候甚至会很滑稽，这不是一部慢节奏电影。

福克：这就是法国电影所缺少的：活力和节奏。法国电影没有节奏的变化。

于佩尔：在法国，人们认为慢节奏的就是悲剧，快节奏的就是喜剧，实际上并非如此。拉比什①是最滑稽的喜剧作家之一，慢节奏的地方是他写得最搞笑的地方。

您认为电影最重要的是通过演员来呈现的？

福克：女演员有很多东西可以讲述，她们的无意识，她们的童年，她们不断的孕育，以及她们女演员的状态。状态这个词是您最经常使用的一个词。

于佩尔：是的，这个词是我整个人的写照。况且，我更喜欢在场而不是言说。

福克：可能您更像诗人，而不是叙事者。状态指的是恋爱的状态，激情的状态，诗意的状态。我还想跟您谈谈关于《奥

---

① 拉比什（Eugène Labiche，1815—1888）：法国剧作家，1880年入选法兰西学院。——译注

兰多》里面的嗓音:处理得很好。我们将在女性出版社发表一篇英格博格·巴赫曼的绝妙文章,他在文中说嗓音,人的嗓声是最鲜活的,可以热情,也可以冷淡,可以温柔,也可以生硬,它是追求真理和完美的载体,就像您在《奥兰多》里面的声音一样。扩音和音响设备让剧院焕然一新,赋予它一种真正的现代气息。

于佩尔:只有通过对声音的处理,才能让说话这个动作表达的不是一种想法,而只是一种状态。

福克:语言以不同的层次、从身体的各处突然涌现。它有三个维度。

于佩尔:首先是台词的意义、内涵,而不是话语。这种语言很美丽,正是因为它不局限于意义层面,它被扩充成某种更加不受限制的东西。这是一种抽象地使用词语的方式,通过嗓音或声响,来表现情感和感受。和鲍勃·威尔逊(Bob Wilson)合作,我从来不问关于台词意思的问题,也正因为如此,我和他才可以沟通。这让我想起格洛托夫斯基①说过的一句话,他说表演不是自己与观众之间的事,也不是自己与自己之间的事,而是自己与一个在自己之上的神秘所在之间的事。

————————

① 格洛托夫斯基(Jerzy Grotowski, 1933—1999):波兰导演、戏剧家。——译注

而且，它有点在无意识那个层面。我感觉在《奥兰多》里，是在表达舞蹈的内在，得通过我来表达，而我根本不会跳舞；但威尔逊成功地通过我的形象把它完全诠释出来了。我更喜欢通过人们所说的隐喻的谎言或者隐喻的秘密来表达。我们可以去解读它，但解读一个隐喻比解读真实说出的话更难。这个隐喻要通过形体来表现。

福克：您应该读过克莱斯特(Kleist)的那篇文章——一篇评论木偶剧的论文。他在文中表达了一个观点，最精准的形式可以将最抽象、最无定性的东西表达出来。我们成功地创造了一种超出人性的优雅，它是美学的，也是伦理层面的。这不是神秘主义，而是艺术。对形式的要求越严苛，那些难以表现的东西，也就是您称之为看不见的东西，就越能被表达出来。

于佩尔：对，《奥兰多》就是这样。形式很抽象，似乎有各种解读方法，但是如果我尝试着将这些难以表现的东西说出来的话，我就会失去一个进入不言而喻的机会。把一切说得太明白，总会让人有点担心，担心因此会带来无法弥补的损失，但我不知道具体是什么损失。刚才我说有种大厦将倾的感觉。我常常有种如临大敌的感觉，所以一遇到采访，就会表现得很偏执。这不是偶尔心血来潮，而是一种真正的焦虑，是对于私事被讨论、秘密被公开、神秘感不复存在的焦虑，就好像这会带来某种无法弥补的损失，但我也不确定究竟是什么损失。

福克：这也是我很难出版作品的一个原因。这不仅由于秘密一旦被公开就无法弥补，还关乎受众的问题。我该向谁透露我的内心，把内心最真实的东西掏出来，就好像把宝石凿出来，把心掏出来。秘密将交给谁来处理？如何处理？对女人的一举一动而言，世界是残酷的。只有处于分析的立场下，女性才能感觉到自己是被接纳和受保护的。但这只是假象，因为分析理论对待女性也不温柔。

于佩尔：我们女演员们就更惨了，得抵抗诱惑又得出名，因为名声是我们赖以生存的根本。我竭尽全力去抵抗，但这真的很难。娜塔丽·萨洛特曾坦言她一直走在孤独的路上，但她泰然自若。而我，也常走在孤独的路上，却很难做到完全无动于衷。

福克：您感到孤独吗？

于佩尔：是的。我目前状态稳定，但还想不顾一切去开拓一条更明确的道路，这并不总是很容易就能做到。有点像抱着一个执念不放。不过说实话，演员生涯重要的是去选择而不是逆来顺受。

福克：您想见娜塔丽·萨洛特，我能理解。但是您为什么想见我呢？

于佩尔：就是为了谈谈我们刚刚聊到的话题，关于双性同体、创作和生育。我常常想讨论一下关于女演员和母亲这两个身份之间的关系。戈达尔思考过生命和电影的内在联系。凡此种种，都是一个女演员心底最为私密的想法，我想只有和您才能聊聊。今天一聊，果然没错。

您把女演员的状态比作一个容器，我觉得非常有趣。我也曾和娜塔丽·萨洛特谈论过这点，但形式不同。我们谈论的是角色的缺席。长期以来，我演绎的不再是角色，而是一个个鲜活的人；越抽象、看起来难演绎的题材，我反而觉得更容易诠释。我难以进入一个已经别人描绘好、打扮好的角色。提示越抽象，发挥空间就越大，诠释的可能性也越大，因为没有了限制，我就可以用自身不同的状态去投入情绪。

把女性比作容器，以这种方式来接纳一个角色，融入角色，如同接纳孕育一个孩子，您也同样谈到了这些问题。我不会把自己定义为演绎角色、贴近角色的女演员，而是作为一个人去接纳另一个人。在和娜塔丽·萨洛特讨论时，我从形式上、风格上、精神上都明确了这一表演方法，而和您讨论时，我从身体上也认同了。这下终于身心合一了！对于我的职业，我有一套精神层面的表演方法，但是这种精神层面、大脑层面的东西，也是通过身体来传达的。

福克：大脑也是身体的一部分。大脑会产生激素。怀孕期间,体内的激素就是到处流通的,婴儿浸泡在大脑激素内生长。我们知道,但同时,我们知道的又太少;女性的知识丰富,但却被认为不了解科学知识。我的工作就是以一种知道同时又不知道的方式来展现我们已掌握的知识。这些知识不是抽象的,而是主观的,这其中,主观性、肉体、灵肉之间并非相互脱离的,而是处于一种可以互换的关系中。

于佩尔:的确。我就有这种感觉,我是知道的,同时又不知道,但还是知道的。

福克:无意识和您称之为"还是知道"的这种认知是并存的。弗洛伊德发现了无意识,发现了女性一直处在无意识的状态下来探索自己的身体。但这不曾被聆听,这就是问题所在。疯狂是什么?它没有被聆听。你用某种语言传达一个信息,而您被告知这种语言是听不见的、陌生的,就像象形文字,一种还没有被阅读的文字。

于佩尔:就是为了这个我才做了一名女演员,为了解读这些象形文字。

福克:弗洛伊德作品的关键句是:"本我曾在之处,即自我应在之处"。我认为,女性的"自我"的去处,就是"本我"曾在之处,也就是我所说的鲜活的创造。我们要成为的样子并不在我们身后,而是在我们前面,从被我们留在身后、还没有被思考过的东西出发,而且我们不用像男性那样,需要通过乱伦的方式回到过去的记忆。对女性而言,不会被"永恒回归"的执念所困扰。法语中的"pro"这一前缀概括了女性的特点,也就是"在……之前"的意思:procréation(生育)、proposition(建议)、programmation(规划)。"Pro",就是女性最恰当的前置词。尽管克洛岱尔①会不乐意,女性从今往后也能信守诺言(promesse)。

---

① 克洛岱尔(Paul Claudel,1868—1955):法国诗人、剧作家。代表作有《正午的分界》《缎子鞋》《人质》等。其中《正午的分界》具有很浓的自传色彩,剧中人的姓名和结局,几乎是原样搬上舞台。1900 年 10 月,法国驻福州副领事保尔·克洛岱尔度完假回中国,在豪华客轮上巧遇法国商人弗朗斯和他的妻子罗莎莉,克洛岱尔对她一见钟情。弗朗斯独自出发去寻矿,把母子五人托付给克洛岱尔。1904 年,罗莎莉怀上了克洛岱尔的孩子,她不得不离开中国,她和克洛岱尔相约,与弗朗斯离婚后,跟他结婚,但她走后音信全无。——译注

1974 年,我记得……

1994 年 3 月 24 日[①]

我记得文森特刚满 10 岁;西尔维娜(Sylvina)在复活节假期期间让我们发现了美洲,一起的还有玛丽-克洛德(Marie-Claude)、布丽吉特(Brigitte)和其他人。我记得文森特和西尔维娜在洛克菲勒中心(Rockefeller Center)溜冰,还有赛德·查理斯[②]在拉斯维加斯的演出;我们回来的时候是从日本转机的,为了绕地球一圈,验证地球的确是圆的。

我记得我的村庄、圣父街和特威克南(Twicknham),记得酒吧男招待雅克,我的几个邻居:索尼娅·里基尔

[①] 1994 年 3 月 24 日发表于《环球》杂志(Globe)。

[②] 赛德·查理斯(Cyd Charisse, 1922—2008):美国女舞蹈家、演员,主要影片有《雨中曲》《蓬岛仙舞》。——译注

(Sonia Rykiel)、让-雅克·德布(Jean-Jacques Debout)、尚塔尔·戈雅(Chantal Goya)、贝尔纳-亨利·列维(Bernard-Henri Lévy)、米歇尔·布泰尔(Michel Butel)、伊莎贝尔·杜特吕涅(Isabelle Doutreluigne)。我记得顾客弗朗索瓦·密特朗(François Mitterrand),戴着宽沿帽、一脸络腮胡子显得非常年轻;有时我们会互相打个招呼,或亲切地笑一笑。

我记得在女性出版社创立召开记者招待会的时候,蕾吉娜·德富尔日(Régine Deforges)也在场。我很高兴把出版社和书店开在圣父街,就像是一种挑衅。我记得女书商克罗蒂娜(Claudine)。我记得充满创意的这一年:一帮女人和她们永不懈怠的勇气,她们这一年的聪明、笑声、才干、活力和能量。我记得我们的一千零一个开始。

我记得在圣保罗(São Paulo)举办的第一次国际书展,机场的巴西警察的闪光灯。我记得我想方设法想见克拉丽丝·李斯佩克托[1],我刚发现她的才华。就在这一时期,她在巴黎旅行,去了女性书店。我记得阿娜伊丝·宁[2],清新美丽宛如

---

[1]　克拉丽丝·李斯佩克托(Clarice Lispector, 1920—1077):巴西女作家,代表作有《短篇小说全集》《星辰时刻》。——译注

[2]　阿娜伊丝·宁(Anaïs Nin, 1903—1977):美国女作家,以日记写作闻名,也是最早写色情书的女作家之一。——译注

一位花季少女，她想见我，因为"精神分析和政治"，她对我说，这是她的两大爱好。

我记得读《摩西与一神教》时的愤怒；弗洛伊德热衷于贬低女性，宣扬抽象、精神性、父权制和弑母。为了唤醒已沉寂多年的欧墨尼德斯（Euménides）[1]，我想到了厄里倪厄斯。我记得拉康在给我做精神分析的时候玩立方体、绳子和结，但不会漏掉我对他说的一字一句。

我记得露西·伊丽格瑞[2]的《反射镜》（*Speculum*），出版社给每本书都加了腰封："女性解放运动收到最初的理论辩护"。这是怎样的羞辱，怎样的冒犯！我们何须辩护！6年来我们在行动的同时也在不断进行理论建构。

我记得看《拉孔布·吕西安》[3]（*Lacombe Lucien*）的时候，我想起了盖世太保、警察、普朗德屈克（Plan-de-Cuques）被占领、圣让（Saint-Jean）街区的撤离、贝尔德梅（Belle-de-Mai）的

---

① 传说人们出于对厄里倪厄斯（意为"愤怒"）——复仇三女神阿勒克图（Alecto）、墨纪拉（Mégère）和底西福涅（Tisiphoné）的总称——的惧怕和敬畏，不敢直呼其名，唯恐惹祸上身、招致厄运，因而委婉地称呼她们为"仁慈的女神"（欧墨尼德斯意为"仁慈"）。——译注

② 露西·伊丽格瑞（Luce Irigaray，1930— ）：出生在比利时的法国语言学家、哲学家和女性主义精神分析师，代表作有《此性不是同一性》《东西方之间》《二人行》等。——译注

③ 又名《迷惘少年》，是法国1974年路易·马勒（Louis Malle）导演的一部二战题材的影片。——译注

轰炸、马赛的战斗。我记得索尔仁尼琴①被赶出苏联。我记得"水门事件"（Watergate）、葡萄牙的"康乃馨革命"②（révolution des Oeillets)和希腊军方政权的终结让我重新发现了民主。我记得 1936 年 10 月 1 日，在我出生那天，取得政权的佛朗哥③依然把西班牙踩在他的脚下。我记得我们为被监禁、迫害、有时甚至是被谋杀的爱娃·弗雷斯特和她的朋友们活动奔走。不过，我也记得在意大利，女权主义者组织了一次关于离婚的公投，迫使天主教民主化。我还记得第四次欧洲和国际妇女大会，这次是由我领导的女性解放运动组织在阿卡雄（Arcachon)举办的。

我记得在乔治·蓬皮杜去世后右翼上台，建立了在如火如荼的妇女解放运动组织眼中显得苍白空洞的妇女状况国务秘书处时，我们的失望。我记得《343 宣言》，没完没了的、快

---

① 索尔仁尼琴(Soljenitsyne, 1918—2008)：俄罗斯作家，1970 年获诺贝尔文学奖，代表作有《伊凡·杰尼索维奇的一天》《古拉格群岛》《癌病房》等。——译注

② 又称四·二五革命，是葡萄牙首都里斯本于 1974 年 4 月 25 日发生的一次军事政变。在政变期间，军人以手持康乃馨花来代替步枪，"康乃馨革命"因此得名。和普通暴力革命相比，此次革命者采用和平方式达成目的。为纪念这个日子，葡萄牙把它定为自由日。——译注

③ 佛朗哥(Francisco Franco, 1892—1975)：西班牙国家元首、大元帅、长枪党党魁。1936 年发动西班牙内战夺取政权，独裁统治西班牙长达三十年之久。——译注

乐的示威游行和集会。我记得获悉自愿终止妊娠（I. V. G.）不是免费，因此对大多数女性而言很不方便时我们的失望。我记得女性出版社出版的第一本书是维多利亚·泰拉姆①的《蓝调医院》（*Hosto-Blues*），15 年后，女护士集体抗议受够了自己的工作。

我记得我一直没有电视机，但我和女友米歇尔·蒙特雷(Michèle Montrelay)一起参加了一档电视节目"荧屏档案"(Dossiers de l'écran)关于《让的妻子》(*La Femme de Jean*)的讨论。但更让我记忆犹新的是夏洛特·让普兰(Charlotte Rampling)和莉莉亚娜·卡瓦尼(Liliana Cavani)，我非常欣赏她们的《我的初恋》(*Portier de nuit*)。我记得朱莉·达辛(Julie Dassin)，我的一个音乐家女友，还有她哥哥乔②的歌曲。我记得由"缪斯多拉"(Musidora)在巴黎组织的第一个女性电影节。我记得我要剪辑 1973 年夏天和德尔菲娜·塞里格③一起拍摄的电影。

---

① 维多利亚·泰拉姆(Victoria Thérame,1937—　)：法国女作家、诗人和戏剧家，曾经做过护士、出租车司机和记者，1974 年在女性出版社出版的《蓝调医院》得到评论界的好评并热卖。——译注

② 乔·达辛(Joe Dassin,1938—1980)：知名歌手，出生在美国纽约，12 岁随导演父亲来到巴黎。代表名曲有《给你》《香榭丽舍大街》等。——译注

③ 德尔菲娜·塞里格(Delphine Seyrig,1932—1990)：法国著名电影、舞台剧演员，塑造了典型欧洲中产阶级女性形象，是 20 世纪 60、70 年代著名的艺术片演员。曾因在《穆里耶》中的出色表演赢得 1963 年威尼斯电影节影后。——译注

明天，均等

1995 年 3 月 8 日[①]

今天我们在这里庆祝国际妇女节，有着不同寻常的历史意义，1910 年，正是在这里，克拉拉·蔡特金(Clara Zetkin)提议并创建了妇女节。

从本世纪初开始，这个节日就记录了一系列重要的、也往往是悲剧性的历史时刻：1914 与 1915 年，在法国、德国、奥斯陆，妇女们进行了反战游行；1917 年，彼得格勒反沙皇游行；1937 年始在西班牙与意大利，1945 年在拉文斯布鲁克(Ravensbrükc)举行了反法西斯游行；1974 年在西贡，反对美

---

① 1995 年 3 月 8 日在哥本哈根召开的社会发展世界峰会圆桌会议上宣读了这篇报告的概要：《跨越性别鸿沟：加强议员与公民社会的对话》，该峰会由两大国际非政府组织主办：议员推动全球行动(P. G. A.)与妇女环境发展组织(W. E. D. O.)。

军占领游行。在 70 年代的西方妇女解放运动中,这个节日成为确立妇女权益的一项传统。事实上,这一天既表达了对现存不平等的抗议,也表达了我们推动妇女事业发展越来越坚定的决心。20 年前的今天,我与"妇女解放运动"(M. L. F.)的 10 多位同事和我刚满 11 岁的女儿一起在北京庆祝了妇女节。当时我们对席卷全中国的所谓"文化大革命"的情况一无所知,更何况,我们跟中国妇女们聊了一整天,发现她们已经真切地对民主投以极大关注。

我能记起每一年的三·八妇女节,一年又一年,并不是每年都有辉煌事迹,但每一年都标志着我们迈入了意识、战略和斗争中的某一阶段。我们为了成千上万的妇女而斗争,她们与全世界数百万计的女性团结在一起。我们的身体自由权,在家庭、社会经济和政治各领域中的平等权,这些基本权利每天都遭到质疑,甚至岌岌可危,往往是在 3 月 8 日这天,我们走上街头发出声音,走进议会发表主张,以此来争取这些权利,让它们在法律层面得到承认。1979 年 3 月 8 日,我们在德黑兰与 5 万名妇女一起,抗议霍梅尼①强制规定妇女戴头巾。我们在那儿拍摄的纪录片《伊朗妇女解放运动:零年》

① 霍梅尼(khomeyni, 1902—1989):1979 年伊朗伊斯兰革命的政治和精神领袖。——译注。

(*Mouvement de libération des femmes iraniennes：année zéro*)
证明了：伊朗姐妹们后来虽未能争取到自由,但压迫力量或许
也并不能根除自由的胚胎,她们在当时与我们一起要求得到
的性、经济、社会、政治与象征独立,压迫力量或许也不能彻底
使之流产。1980 年 3 月 8 日,我们声援了被关押在阿马(Armagh)监狱里的爱尔兰女性,并发出列宁格勒号召来支持马
默诺娃①和其他被克格勃迫害的俄罗斯女性。1981 年 3 月 8
日,我们以法国大革命为参照,起草了《反厌女症陈情表》②
(*Cahiers de doléances contre la misogynie*),并呼吁从第一轮
起就为当时的总统候选人密特朗投票,而我们那时并不是社
会党党员。为了能让 3 月 8 日从 1982 年起就成为法国国家
法定节日,我在 1981 年 12 月 3 日致信共和国总统:

三·八妇女节作为女性斗争的象征而受到国家承
认,这一点一直以来过于狭隘地与人民民主政体联系在
一起,而事实上,妇女节在全世界范围内被庆祝。建议法
国成为欧洲第一个确立妇女节的国家,让 3 月 8 日成为

---

① 马默诺娃(Tatiana Mamonova,1943—):苏联女权主义者、持不同
政见者,1980 年流亡海外。——译注。

② 《陈情表》(*Cahiers de doléances*):1789 年 3—4 月期间,应法国国王
路易十六之要求,由三个等级共同撰写的对国家状况之评判。——译注。

法定带薪假期。女性作为公民中的多数，却因为女性性别而被视为少数，希望法国政府能让女性的创议与行动落实成为一项国家决策。

社会党政府也能借此给予女性应有的荣誉，正是她们极大促成了今年左派大选成功。这样的做法已有先例：1947年左派政府承认五·一劳动节为劳工游行与庆祝的日子，以此来向劳动者致意。

密特朗在三天后的回信中称这一建议"很好，但较难实施"，最终政府只是采纳了我建议中最易实行的一部分，将这一天确定为"全国妇女日"，无"带薪休假"。后来爱丽舍宫邀请我和另外300名官方遴选的女性前去拜访，我回绝了，这主要是因为我们已经表明立场：3月6日，在索邦大学阶梯教室，我们举行了第一次反厌女症世界女性"三级会议①"，与会人员有来自埃及的那娃·艾尔·萨达薇（Naoual El Saada-oui），来自西班牙的爱娃·弗雷斯特（Eva Forest），葡萄牙前总理玛利亚·德·路德斯·班答西格（Maria de Lourdes Pin-tasilgo），来自玻利维亚的多米提莉亚·巴尼约斯·德·山卡

---

① 作者在这里借用1789年法国大革命"三级会议"（états généraux）这一历史名词。——译注。

拉(Domitilia Banios de Chungara)，来自阿尔及利亚的费杜玛·欧泽加纳(Fetouma Ouzegane)，来自美国的凯特·米利特(Kate Millett)，来自斯里兰卡的库玛丽·加瓦德纳(Kumari Gawardena)，来自俄国的阿拉·萨利班(Alla Sariban)，来自奥地利"妇女特赦组织"(Amnesty for women)的谢丽尔·贝尔纳(Cheryl Bernard)和艾迪特·舍拉菲尔(Edith Schlafer)，以及很多其他知名人士。3月7日，在"冬季马戏团"剧院，体育界和文娱界一线明星奉献了一场精彩的庆典。3月8日周一，来自法国各地1万2千名女性上街游行，罢工表示抗议。《妇女运动周报》(*Des femme en mouvement hebdo*)对此进行了报道，而众多法过媒体要么绝口不谈，要么故意混淆视听，报道其他国家而非本国的三·八节活动，议论其他国家的妇女被压迫状况而非本国妇女的决心和意志，当天法国女性从四面八方赶来，聚集在这块自由的热土上。

1989年3月8日，纪念法国大革命200周年，在重新出版了《1789年女性陈情书》(*Cahiers de doléances des femme en 1789*)后，我们又组织了其他"女性三级会议"。这是我多年一直担任圣地亚哥"女性国际中心"(Women International Center)的国际主席的结果，该中心每年都会组织颁发"传奇人物奖"(Living Legacy Award)，因此我希望1990年3月8日这一天能通过女性庆祝来表达集体感谢，每一位女性都在各自领域表现卓著。这些来自世界各地的女性，代表着从此以后女性在民主、司法、人文主义与人道主义、艺术、体育各行各业最前沿不容抹煞的存在。参加庆典的女性在各自国家也即在全世界推动人类进步，她们有来自罗马尼亚的多伊娜·科尼亚（Doïna Cornea）、印度的艾拉·巴特（Ela Bhatt）、法国的夏洛特·佩里昂（Charlotte Perriand）、苏联的埃莱娜·博纳（Elena Bonner）、法国的伊冯娜·肖各-布吕阿（Yvonne Choquet-Bruhat）、泰国的维支卡罗恩（Khunying Kanitha Wichiencharoen）、法国的让妮·隆格（Jeannie Longo）、南非的阿尔贝蒂娜·西苏路（Albertina Sisulu），她们与其他众多女性一起组成了我们这个星球的一座座灯塔，为仍处在黑暗中的小女孩和妇女们带去光明。

刚才这段回顾太长了，然而还是不够全面，每年我们都会相约3月8日，对历史的参与我们绝对不会放弃，而且我们确信，历史的未来很大程度取决于我们改造它的意志，使其最终呈现出一个更加人性化的面孔，使其拥有正确合理的方向与意义。

1995年3月8日，也就是今天，我身处哥本哈根，此时的我既是作为法国女性、欧洲民主主义者、世界公民，也是作为女性运动的积极推进者与欧盟议会女权委员会副主席站在这里，今天对我而言，意义非同寻常。

1992年，法国时任欧盟轮值主席国，密特朗建议举办一次关于社会发展的世界峰会,以"更新我们的思维"和"强调人性化的维度"。从这一建议可以看出,德洛尔主席(Jacques Delors)在白皮书中将欧洲发展模式理论化,深得密特朗之心。也许他已经意识到,社会条款,也即一切劳工享受社会保障与应有地位的权利,能成为推动所有体制改革期间国家民主化进程的杠杆。

那次峰会确定了三个首要目标:消灭贫困、加强团结、创造就业,在消灭贫困共同宣言草案十条中的第五条,已清晰地表明了消灭贫困必须基于"对人类尊严的尊重和对女性在全社会地位的改善",这一草案在三天后提交给了各国首脑。

确实,一旦我们想要在世界范围内努力消灭贫困,我们就会发现一个悲伤的事实,正如在 1992 年里约世界环境大会、1993 年维也纳人权会议、1994 年开罗发展与人口大会上发现的那样,女性是人类那颗被荼毒的心脏。不过,随着现存秩序前所未有的瓦解,世界各地的女性正成为人类可持续正确发展的那颗跳动的心脏。

原　则

从那些重要的世界性文书来看,我们会发现在过去几十年间,女性在全世界的生存状况得到了极大改观。

1945年二战结束后不久，为了促进实现和捍卫人权、捍卫"人类尊严与价值"而起草的《联合国宪章》是第一份宣告两性平等的国际文书。1948年12月10日联合国《世界人权宣言》再次确认"人人生而自由，在尊严和权利上一律平等"且"不分种族、肤色、性别、语言、宗教、政治或其他见解、国籍或社会出身、财产、出生或其他身份等任何区别"。其他一些涉及民事、政治、经济、社会、文化等各领域权利的国际公约，也强调了非歧视原则和法律面前性别平等的原则。日内瓦公约及其附加议定书为战时平民保护提供了法律依据，并强调指出"应特别保护妇女免遭非礼侵犯，尤其是免遭强奸与胁迫卖淫，以及其他一切对名誉之侵犯。"①

1975年，迫于全世界妇女解放运动的压力，联合国大会决定关注性别平等障碍，将这一年定为"国际妇女年"，并于6月在墨西哥举行了世界妇女大会，这是历史上第一次以妇女为主题的世界性会议。会议通过了行动计划，倡议在各国宣传《联合国妇女十年：平等、发展与和平宣言》。5年后举行了哥本哈根会议。最后一次是在1985年7月召开的内罗毕会议，那次会议通过了当年到2000年的行动战略展望。关于未来展望与机会平等的这份决议，不仅强调了立法手段对于保

---

① 1949年8月12日，日内瓦第四公约，第二十七条。

证两性待遇平等的必要性,也强调指出要防止和避免事实上的不平等。此外,联合国还拿出一笔妇女发展基金,资助妇女获取新技能和"妇女发展国际研究和教育学院"(Insititut international de recherche et de formation pour la promotion de la femme)。

另一重大举措:1979 年,联合国通过了《消除对妇女一切歧视公约》,1980 年 3 月各成员国签署,1981 年 9 月正式生效。这一重要文书指出"对妇女的歧视践踏了权利平等原则与尊重人类尊严的原则",该歧视阻碍了"妇女在跟男性同等条件下去参与本国政治、社会、经济与文化生活",阻碍了妇女"尽自己一切可能去服务国家与人类"。《公约》承认了生育对社会发展的重要性,同时宣告"妇女在生育中扮演的角色不应成为她们受歧视的理由"。

在世界各地非政府组织的积极活动下,联合国开始不断进行反思,在妇女问题上采取行动。在每次会议上,非政府组织都展现了自身的战斗力,成为各国际峰会上的活跃力量。比如,1992 年 6 月,里约召开环境与发展大会①同时,超过400 个非政府组织参加了"**女性星球**"(*Planeta femea*)论坛,

---

① 里约环境与发展大会旨在"基于各自需求与共同利益,建立发展中国家与工业化国家之间的合作基础以保障地球未来。"(莫里斯·斯特朗,里约大会总秘书长)

强调当前主流发展模式不仅是对地球，也是对人类的威胁。女性们认为，通过生育与抚育儿童，她们对人类发展模式负有责任。这给我提供了一个契机，让我得以更深入地思考一个我很重视的主题：人类的初始环境是母亲的身体，我们都知道，对孕妇生理或心理的压迫会给胎儿带来多大程度的危害。

1993年是人权状况极为恶劣的一年。2月，为了审判前南斯拉夫境内的集体强奸、屠杀和"种族清洗"（purification ethnique），联合国安理会投票决定成立一个专门法庭来审判战争罪和侵犯人权罪。自设立纽伦堡法庭和东京法庭以审判二战战争犯以来，这是第一次设立此类法庭。6月，世界人权大会决定采取措施来"有效推进妇女儿童权益保护"，并热切呼吁各国"消除歧视与危害女童的习俗与做法"。人权大会在最终宣言中肯定"妇女和女童的基本权益是普遍人权不可剥夺、不可分割与不可消解的一部分。"

12月，各国政府接受《人权宣言》，同意消除针对女性的暴力，要求"妇女普遍享有一切人类都应享有的权益与原则，如平等、安全、自由、完整和尊严。"在人权日当天，时任联合国人权委员会副总秘书长的易卜拉希姆·弗尔（Ibrahima Fall）先生[①]，诚

---

① 我在1993年初维也纳大会之前遇到过弗尔先生，当时在场的还有妇女联盟的另外两名成员以及"妇女领地"的奥利维拉。我们跟他提及妇女联盟对前南斯拉夫被强奸妇女的支援行动，以强调妇女权益的重要性。

挚呼吁颁布一套行动纲领,该纲领包含五点内容,强调了一些已经获得通过的公约,其中包括《"消除针对女性一切形式的歧视"公约》,该纲领同时也要求将女性权益纳入"有关人权的一切活动中去"。1994 年 3 月,这一行动纲领被采纳。人权委员会于是决定任命拉迪卡·库马拉斯瓦米女士(Radhika Coomaraswamy)为专员,任期三年,专门"负责汇报针对女性的暴力问题,其中包括施暴原因与后果"。

世界卫生组织从 1982 年以来就在谴责切割女性生殖器的行为,1994 年 5 月,世卫组织要求所有成员国"在国家层面建立政策措施,在司法和事实上结束针对女童的生殖器切割行为。"联合国难民署的高级专员表示,妇女因为反对自己或自己女儿遭受此类生殖器切割而可能受到迫害,若政府不出面保护,那么她们理应受到 1951 年"难民公约"的保护。

1994 年 9 月,在开罗举办的国际人口与发展大会上,不仅公开讨论了世界妇女生存状况,也承认妇女解放已经取得广泛成就。"二十年行动纲领"旨在"推进两性平等与公平①,加强妇女权力,消除针对女性一切形式的暴力","让妇女拥有生育的自主权"。妇女在发展中的决定地位,第一次被全体一致地明确强调出来。来自巴基斯坦的纳菲斯·萨迪克先生

---

① 我在下文会评论"公平"(équité)这一概念的危害。

(Nafis Sadik)既是本次大会的总秘书长,也是联合国人口基金会执行主任,他总结了大家的普遍感受,称"这一纲领可能会改变世界"。

欧洲,一种社会模式

1995年3月8日,也就是今天,我们聚集在这里,既是为了准备将于北京举行的世界妇女大会,也是为了庆祝欧洲,毕竟丹麦是欧盟的一部分。因此我很乐意跟大家谈一谈两性平等的欧洲模式。这一模式也许在现实中还没有得到很好的执行,但可以帮助我们继续前进。

自1949年成立以来,欧洲委员会就明确表示要"捍卫与推进"属于各成员国"公共遗产的观念与原则"以建立"真正民主制"的基础。1950年缔结的《欧洲人权公约明文规定》,要让女性跟男性平等享有各项权利与自由,"无论性别、种族、肤色、语言、宗教、观念……"(第十四条)。接着,各种建议、宣言、会议都致力于或有助于消除两性平等障碍,对不平等状况进行修正。欧洲委员会的这项事业在"联合国十年"行动中得到加强。如此,及至1981年,平等已经成为政府间行动的一个主导原则。以一种象征意义上的、同时也完全是政治的方式,两性平等领导委员会属于"民主、自由与基本人权"领域。

在欧盟所倡导的社会模式里,妇女普遍受益。雅克·德洛尔(Jacques Delors)白皮书里关于女性的那几页,是对男女同工同酬政策的总结,这一政策于1957年《罗马条约》首次被提出,比联合国公约早了22年。这也是欧盟各成员国的共同基础。此后,在建设欧洲的过程中不断推进两性平等原则,期间三次颁布有关平等就业、职业平等与社会保障的指令(1975、1976、1979)。1991年,我们通过了一项反性骚扰行为准则(法国随之效仿,出台了工作场合反性骚扰法案)。1992年,《马斯特里赫特条约》的《社会议定书》为一些措施的实施创造了可能,"这些措施为女性就业提供特殊帮助或预防、弥补女性职业生涯的劣势"。

避孕到处都是合法的,尽管避孕信息传播得还不够充分,但不是每个欧洲国家都承认堕胎权。爱尔兰与德国仍然不允许堕胎。各国的堕胎权在现实中也没有得到很好的落实。强奸在几乎所有欧盟国家都被视为犯罪①。除了在希腊和爱尔兰,协议离婚到处都是受到承认的。在所有欧洲国家,妇女都享有产假(不过,在英国、比利时与西班牙,妇女拿不到全额工资)。在纽约,为世界妇女大会举行的最后一次预备会议上,对于捍卫社会福利与待遇平等,欧洲表现突出。尤其欧洲是

① 除了德国和英国。

173

"均等(parité)运动"的发源地。均等,我有时定义为平等参与一切层次的决策权这一政治意志。该话题我稍后再谈。

法国,矛盾之地

法国从 1789 年大革命以来就自诩是"人权之国",然而矛盾的是,在促进妇女权利方面,法国却举步维艰。在两性平等问题已经演化为均等问题的历史时刻,快速回顾我们所取得的一步步胜利,也许并非毫无益处,这些胜利往往姗姗来迟。

从前,女童没有教育权,直到第三共和国《儒勒·费里法案》(lois de Jules Ferry)才允许女童就读小学。然而,要等到1924 年女生才有权参加会考进入大学①,进入精英大学校②依然艰难:1930 年中央理工学院(École centrale)成为第一个对女生敞开大门的大学校③,空军学院(École de l'Air)是最后一个,1978 年才开始招收女生。1975 年,也许是在"国际妇女年"的影响下,《教育法》规定,所有公立学校必须实行男女同

① 要到 1938 年,已婚妇女才获得民事权利能力,可以不经过丈夫批准去求学。

② 不同于法国普通公立大学,这些精英大学校(les grandes écoles)属于法国精英教育,往往小而精,考取难,文凭含金量比一般大学高。——译注。

③ 塞弗尔高等师范学院(L'École normale supérieure de Sèvres)是在第三共和国时期创办的,当时女子教育是跟男子教育分开的。

校。1989年,教育方针法确立了教育平等这一使命。

一直以来,妇女在外劳动几乎被视作等同于卖淫,但19世纪工业革命需要劳动力,当时大约1/2的妇女从事某一职业活动。直到1965年已婚妇女才可以不经过丈夫批准而在外工作,而要到1970年法国才立法承认男女"同工同酬"。1983年,一项职业平等法案试图修复事实上严重不平等的状况。

在政治领域,对于女性而言,平等之路比在其他领域更为艰难险阻。1789年大革命并未给予女性公民权。尽管孔多塞(Condorcet)发表了开明宣言,奥兰普·德古热(Olympe de Gouges)勇敢地采取了真正革命的立场,1793年《宪法》还是支持对女性的排斥,同时仍保留了奴隶制。1848年革命虽然取消了纳税选举制,但给予女性的政治权利并不比给予疯子的更多,而这一新的选举制度却被认为是"普遍的",有时直到现在人们还在这样认为。第三共和国宪法确认女性的无权(non-droit)地位。然而,自1789年大革命以来,她们一代又一代地聚集和组织起来,争取获得选举权。其中的代表人物有奥兰普·罗德里格(Olympe Rodrigues)、于贝蒂娜·奥克莱尔(Hubertine Auclert)、玛尔特·布莱(Marthe Bray)、路易丝·维斯(Louise Weiss)以及其他很多女性。6代人,150十年斗争史。那些我们称为"妇女参政论者"(suffragettes)的女性，她们进行了坚韧不拔的斗争。1936年，在人民阵线政府、众议院一致通过给予妇女投票权。可妇女真正获得投票权是在将近十年之后，二战结束后不久，1944年4月21日，戴高乐总统签署法令，宣布女性"跟男性一样享有选举和被选举权"。

女性直到1938年都受到《拿破仑法典》(Code Napoléon)限制，不具有民事权利能力，要到很久以后才享有自由权：女性在司法层面的解放从1970年开始加速实现。那一年，她们得以分享子女监护权。1973年，母亲可以让子女获得自己的国籍。1975年，协议离婚得以实现。1985年，夫妻双方平等行使家庭与子女财产的管理权……

女性为争取身体自主权所开展的斗争促进了法律的变革。早在1968—1969年女性运动期间，我所主持的"心理分析与政治"小组从最初几次聚会就开始探讨性问题，我们提出，强奸是一种特殊暴力，我们同时也提出，女性应独立自主决定是否生育①。女性运动以其整体性和多样性引发了广泛关注和动员，相关出版物纷纷面世，1971年爆发了首次妇女大游行，要求获得生育自由（"拒绝为我们的身体立法"，"堕胎

① 1810年刑法规定禁止堕胎，1920年禁止避孕。1942年维希政府治下，堕胎是犯了国家罪，会判死刑。直到1967年纽沃斯法(loi Neuwirth)才允许避孕。

与避孕自由免费")。1972年,首个"反女性罪揭发日"在巴黎互助剧场(la Mutualité)举行。1975年,堕胎合法,但直到1979年才在新一轮强有力的动员下,该法案才最终得以投票通过。1982年,人工流产才被医保覆盖。1980年,经过女权主义者在司法领域整整两年的斗争①,女性的诉求才得到承认,强奸罪被纳入刑法:强奸如同杀人,都是侵犯人身的罪行。1992年新刑法加重了对强奸犯的量刑。

1989年,作为对各协会组织十多年来反家庭暴力斗争的呼应,负责女权事务的国务秘书发起了一场电视宣传。次年,协会组织获准有权提起附带民事诉讼②。同年,效仿欧洲立法,出台反工作场合性骚扰的法案。

现 实

相对于国际法基本原则、平等宣言和法律,现实完全呈现出另外一副面貌,要灰暗得多:女性是这个星球被排斥者中的

---

① 由吉赛尔·阿丽米(Gisèle Halimi)与"选择"协会(Choisir)领导,著名的"艾克斯诉讼"为斗争的导火索。("艾克斯案"是三名男子强奸了两名比利时女游客,吉赛尔·阿丽米担任原告律师并将事件公众化。——译注)

② 附带民事诉讼是指法院在审判被告人犯罪行为的同时,根据被害人或检察机关的提起,附带解决被告人犯罪行为所造成损害的民事赔偿的诉讼活动。——译注

被排斥者,是穷人中的穷人。无论在何地以何种方式来评估贫穷,专家们得出的数据都揭示了一个悲剧性的事实。10亿3千万人口处于赤贫状态①(相当于地球1/5人口)。他们缺少资源来满足基本温饱,也无法满足住房、健康与教育这些基本需求。在这10亿3千万穷人中,70％是女性,也即大约10亿人口②。9亿9千万已经且仍将被剥夺教育权的人口中,2/3是女性,也即6亿6千万人口③。根据最近一次人类发展报告,在发展中国家,歧视"不仅表现在教育领域,也体现在食物和健康医疗方面",43个国家的数据表明,从刚出生几个月到4岁,女童的死亡率要明显高于同一年龄组男童的死亡率④。

贫穷也好,排斥也好,跟无穷无尽的弑女罪相比,这些最起码还能证明女性是活着的。如果哈佛大学经济学家阿玛西亚·森(Amartya Sen)的研究可信的话,女性被剥夺的往往是

——————————

① 在欧盟境内,收入低于总人口平均收入一半被视为贫穷;而在穷国,贫穷意味着每天收入只有一美元。为了解决这一巨大差距,联合国开发计划署署长古斯塔夫·史伯斯(Gustave Speth)创造了人类发展指数,这一指数将预期寿命、教育水平和购买力作为指标,有助于更好地了解现实情况,尤其是对穷国而言。(《人口与贫穷》,1995年2月,第8期。)

② 同时也应该指出,女性只拥有全世界1％的财富。

③ 在一亿6—11岁失学儿童中,70％是女童。

④ 《人类发展报告1994》(*Rapport sur le développement humain*, 1994),由联合国信息中心为1995年3月6—12日在哥本哈根召开的世界社会发展峰会而出版。

生命权和生存权。根据她的研究,世界人口普查中,大约有 1
亿女性消失了①。1 亿女性消失了仅仅因为她们是女性:印度
3 千万,亚洲其他地区和非洲还有上千万。这些被称作"人口
赤字"的消失人口,主要由流产、弑婴、营养不良、选择性医疗、
生殖器切割、不良条件下的妊娠和分娩导致。

近 15 年来,中国、印度和韩国女性胎儿流产数量显著增
加。不同于一般发达国家女性多于男性的人口情况,如今在
韩国,女-男性别比为 927:1000②。在印度,主要是由于营养
不良和医疗缺失导致女童消亡。根据联合国儿童基金会的估
算,世界上每年有超过 1 百万女童仅仅因为自己是女童而
死亡。

每年有 2 百万女童,即每天五千名、每分钟三名女童遭到
生殖器切割和封锁的残酷折磨。操作过程持续大约 20 分钟,
就在此刻,非洲、亚洲、中东、也许还有欧洲,在全球各地,60
名女童被切割。在苏丹,1/3 的女童死于割礼。即使幸存下
来,她们当中也有 1 亿 1 千万人终生遭受严重的割礼后遗症

---

① 如果我们以发达国家 1.05 的女-男性别比来推算世界总人口,在世
界人口普查中,大约缺少 1 亿女性人口(Amartya Sen, «Pourquoi un deficit de
plus de cent millions de femmes», *Esprit*, n°173, vol. 9, septembre 1991, et
Ethique et Economie, Paris, P. U. F. ,1993)(阿玛西亚·森,《为何有超过一亿
的女性人口缺失》,见《思想》以及《伦理与经济》)

② *Asiaweek*, Hong Kong. (《亚洲周刊》)

的折磨。

1994 年 9 月在开罗举办的人口与发展大会上，埃及家庭部长意图废除割礼，现在大约有 80％—90％的埃及女性受过割礼①。但我刚刚得知，10 月，也就是一个月之后，这个国家的卫生部长签署了一项法令，不像之前声称的那样要废除割礼，而是为了让割礼医疗化，甚至列出了可以进行割礼手术的医院清单。这些医疗措施也许可以帮助保存性命，但仍然是对女性的损毁。

联合国的一些报告指出，印度的嫁妆制度导致每年5000—9000 名妇女的死亡；在发展中国家，约有 1/3 的已婚妇女声称遭到过殴打；在世界范围内，可能每 2000 名女性中就有一名因遭到强奸而起诉②。对器官、妇女、女童和男童进行的人口贩卖没有受到应有惩罚：奴隶制摇身一变，成为合理的国际贸易、性贸易、仆人贸易。国际特赦组织提到，1993 年中国发生了 1 万 5 千起妇女儿童拐卖案③，但中国并不是唯

---

① «Women's Action», *Equality Now*, mars 1995. ("妇女行动"，《平等现在》)

② 在美国，应联邦政府要求进行的一项调查显示，大约超过 1 千 2 百万女性在她们一生中至少遭到过一次强奸。61％的受害者在事发时年龄低于 18岁，3/10 的受害者不足 11 岁。80％的案件都是熟人作案。只有 16％的案件被提起诉讼。(*Newsweek*，1990 年 7 月，厌女症观察所)(《新闻周刊》)

③ 数据引自中国公安部长，很可能事实更甚于此。

一一个存在此类问题的国家。可以想见，在这种野蛮行径中，幸存下来的妇女面临极端困苦的局面，同时却要承担传宗接代的任务，甚至因此丧命。

在全球肆虐的武装冲突中，女性要承受的除了战争的暴行，还有仅施加于女性身上的特殊暴力。由女权活动分子[①]和很多国际组织发起的对前南斯拉夫集体强奸与被迫妊娠的控诉，并未阻止次年卢旺达同样罪行的发生[②]，这是一种只针对女性的有预谋的暴行。

在阿尔及利亚，如同在伊朗和孟加拉那样，宗教原教旨主义将女性作为首当其冲的施暴的靶子。一个极端野蛮的原教旨主义置整个国家于腥风血雨中。恐吓、绑架、监禁、强奸、暴虐、驱魔、杀害，阿尔及利亚女性遭受一场真正的厌女症发作，一场最疯狂的谋害。家庭法[③]限定了她们的从属地位，让她们不得不接受包办婚姻，被突然休掉，自 1989 年起，她们又成为了武装组织侵害的对象。1994 年 1 月，聚集了几个民主派女性组织的"女性集会"(le Rassemblement des femmes)，发表了一份揭露宣言：

---

① 　尤其是克罗地亚萨格勒布的 *Zenska Grupa «Tresnjevkq»* 小组。
② 　根据国际特赦组织的最新报告，80％的难民或迁居者是女性。
③ 　尽管有女权组织的大量抗议，1984 年仍然颁布了这部家庭法。

我们今天所谈论的妇女，遭受日常迫害，孤立无援，是野蛮攻击的受害者，她们所面临的若非直接杀戮，便是硫酸、火烧、鞭打和性虐。我们所讨论的女性，包括那些生活在阿尔及尔近郊和附近村庄受到恐吓的妇女，一些宣传册在近期公开传播，迫使她们自我隐藏，要么闭门不出，要么裹上头巾，否则会遭到割喉的惩罚。

1994 年 11 月，阿尔及利亚电视台播放了两个少女被伊斯兰武装组织割喉与斩首的画面，被杀害的理由是她们拒绝接受"临时婚姻"。1995 年 2 月，莱拉·阿斯拉维（Laïla Aslaoui）来到欧洲议会，揭露了阿尔及利亚妇女的悲惨命运，称已有 267 名女性因为同样的理由而被杀害。伊斯兰武装组织变着花样地威胁那些他们认为"不信教"的女性。一些野蛮的宗教分子打着性净化的旗帜来驱邪，驱逐想象出来的女性身上的魔鬼，直至让女性死亡。阿尔及利亚电影人哈芙萨·库迪尔①（Hafsa Zinai Koudil）在电影《女魔》（*Le Démon au féminin*）中揭露了一起发生在法国北部的惨剧：7 月的一天，一名 19 岁少女因驱邪而死，仪式主持人是她的兄长。

----

① 哈芙萨·库迪尔刚获得"1994 年人权杰出女性奖"，她在电影《女魔》的拍摄过程中表现了极大的勇气，这部电影来源于一起"社会事件"：一名女子作为驱邪对象被殴打致死。

不过,女性也正走在斗争的前列。就在今天,3月8日,阿尔及尔正举行一场"反原教旨主义审判"(Tribunal contre l'intégrisme),组织方是"阿尔及利亚民主妇女集会"(Rassemblement algérien des femmes démocrates),应该有好几国的妇女参加了。我要借此机会重申对她们的支持,也向她们的勇气和决心深表敬意。

当出生权和生存权,女童、少女和妇女带有尊严而活的权利每分每秒、每天每夜地遭到侵犯,还谈何自由?平等又如何能作为普世价值?在这种情形下,试图以"公平"(équité)这一混淆视听的概念去偷换"平等"(égalité)原则,就不足为奇了。凭借"公平"这一概念,被归为发展中国家的那134个国家,其中一些可以不去参照两性平等,而另一些保留传统伦理观的亚洲国家,可以避免参照人权,其中也包括女性权利。公平概念是对平等原则的严重压制。尽管有维也纳决议,哥本哈根的各预备性文件危险地将公平概念和平等原则混为一谈。在这种情形下,几乎很难在商业合同中加入社会条款,哪怕是那种做表面文章的肤浅条款。

世界政坛女性比例从1988年的15%下降到1994年的10%。很多非洲国家(吉布提,毛里塔尼亚),还有科威特,议会中没有一位女性。塞舌尔和欧洲的比例最高,其中丹麦(33%),芬兰、挪威(39%),1994年9月以来,瑞典(41%)成为第一个拥有均等政府(男女部长人数相等)的国家。法国和希腊，女性议员的比例低于 6％,是欧洲在政治平等方面最落后的国家。南非议会由首次多种族选举组建而成,国民议会的女性比例为 25％,而美国的女性比例为 11％。全球 178 个议会鲜有女性主席,由女性担任主席的仅有 18 个议会,占比约 10％。

经济领域的情形同样如此。即使不是隔离(*apartheid*),也总是一种严重歧视。也就是说,在自由、平等、团结的层面上而言,全球妇女地位与其说像公民,不如说更像是奴隶或低等人。改变这一局面,若不说是迫在眉睫,也是首当其冲。

在欧洲

欧洲努力将女性纳入其发展模式,但正如我们所见,女性远远没有受到足够保护来远离苦难。欧洲议会的最新一次报告[1]总结出欧洲贫困呈女性化趋势:5 千 5 百万穷人中的大多数是女性。长期失业者中女性占比为 55％,90％的单亲家长是女性,受社会救助的老人 80％是女性。欧盟境内,女性工资要比男性低 30％,在培训、专业化和晋升过程中还要不断

---

[1] Rapport de Lissy Gröner, pour la Commission des droits de la femme, sur la pauvreté des femmes en Europe, 10 février 1994. (莉茜·格罗内报告,呈女权委员会,关于欧洲的女性贫困问题)

遭受歧视。80％的兼职雇员是女性。

南北差距与东西差距让欧盟无所适从。南欧的情况更加严重。南欧-年轻人-女性，这些不利因素叠加起来让情形变得更加糟糕。以西班牙为例，西班牙的国民失业率是欧盟最高的，25岁以下年轻妇女的失业率则打破欧洲记录，42％这一数据意味着贫苦与排斥。无论在东欧还是西欧，贯穿着同一种利益逻辑，前东德妇女需要出示绝育证明才能获得工作[①]，而法国推行的生育政策则鼓励年轻妇女生孩子以腾出工作岗位。对于那些尚未加入欧盟的欧洲广袤地区，又能说些什么好呢？在那些地区，妇女本来就是传统上的弱势群体，当一个国家动荡时，她们遭受了巨大的劫难。

不过，所有观察家都承认，尽管女性不得不承受普遍的失业命运，遭受贫苦的打击，但她们已经组织起来为实现真正的民主。

在法国

在这里，有必要一一清点厌女症观察所记录下的种种事

[①] 勃兰登堡地区，两年内的绝育人数增加到10倍：1991年827例，1993年8224例。

实,了解女性如何被恶劣对待,媒体、色情业、电视、广告,总而言之恶劣对待贯穿于整个日常生活。要知道,法国在 1983 年通过联合国关于"消除对女性一切形式的歧视"的公约之后,并没有紧接着出台任何反性别歧视法,而之前联合国通过《反种族歧视公约》之后随即就颁布了《反种族歧视法》[①]。厌女症从来不被当成不法行为,反而以言论自由的名义,被视为一种普通言论。

在法国,仅需几组数据就能表明对女人的战争并非空穴来风:平均每天有一名女性仅仅因为她是女性而被杀害,1/7 的女性是家庭暴力的受害者[②],平均每年有 4 百万女性被殴打,3 万女性遭强奸,也就是每一刻钟就发生一起强奸,仅仅因为她们是妇女、是少女、是女童就要遭受这样的暴行。她们当中只有 5 千 5 百名受害者选择了报案,只有 17％的作案人被惩处:可以说,强奸是法国最不受惩罚的罪行。

至于乱伦,很难给出可靠数据,因为这一罪行往往被作为秘密严防死守,对于这样疯狂的家庭,乱伦就是其疯狂的基石、黏合剂与症状。似乎经过受害者、女权活动家、母亲、医护人士等女性 20 年来的不断揭露,用专制父权制去调教幼女仍

---

① 联合国于 1966 年 3 月 7 日出台了《反种族主义和种族歧视公约》,1971 年正式生效,法国于 1972 年 7 月 1 日也颁布了相应法律。

② *Libération*, 2 mars 1995. (《解放报》)

然是我们文化中最坚硬的柱石。来此之前,我在一期电视节目上看到①,一名从事环保运动的女士,自称女性主义者,言之凿凿地宣称法国的乱伦现象并不严重。作为总统选举候选人,她也许是针对潜在的选民讲话,其中主要是农民。然而,我们知道农村正是乱伦最频发也最少被披露的区域。心理学家或精神病专家已经告诉我们,一个小女孩遭遇乱伦之后,往往会陷入缄默、厌食、抑郁。她的学业若不是彻底终止也会面临中断。乱伦的毁灭性影响不可胜数:很多卖淫女都曾是乱伦受害者。

女性经过艰苦斗争获取的堕胎自由,一再遭到质疑。尽管 1993 年法律明令禁止对人工流产进行阻挠,流产中心还是不断受到非法攻击。这些反人工流产组织受到教会高层的支持。一场真正的保守主义改革力图动摇女性 20 年来获取的自由。

检视教育、工作、公民权各方面的权益现状,我们会发现两性平等显然一直没有得到遵守。比如,女性是通过教育获得独立自主的,那么教育的情况如何? 距离女性获得会考权也即高等教育权已经 70 年过去了,现状究竟如何? 女生们往

---

① Canal Plus, *L'Hebdo*, samedi 4 mars 1995. (Canal Plus 电视台,周报节目)

往选择一些所谓女性学科,让性别歧视得以保持,或即使选择所谓男性学科,这些学科也不承认她们的性别特殊性。然而,女生通过会考的人数不仅追平,而且超过了男生。1988年,成功通过会考的考生当中,女生数量超过男生数量33%[1]。在大学最初两年的学业中,她们比男生成绩更好,但到了毕业阶段,女生人数越来越少。女性很迟才被允许进入精英大学校,现在依旧处处受限。

在女性就业方面,法国在欧洲走在前列。1991年,71%的法国妇女为职业女性[2]。但职业女性的生存状况是很艰难的,她们中的大多数都要担负三重生产——生育(对于那些想要孩子的妇女而言)、家务劳动与职业劳动,而这三重生产很大一部分不被承认。为怀孕和生养孩子的女性提供具体补助,这笔经费国家一直没有埋单,实施起来难度很大,且花费不菲、缺少组织。如此,妇女们给予世界以生命馈赠,却因此在职场上失利。

此外,妇女的工作权再次引发争议。作为失业问题的解

---

[1]　1988年有89082名中学男毕业生,119597名女毕业生。(Christian Baudelot et Roger Establet, *Allez les filles*!, Paris, Ed. du Seuil, 1988)(克里斯蒂安·博德罗和罗杰·艾斯达伯莱,《加油姑娘们!》)

[2]　不同年龄段就业率有所不同,25—29岁就业率为78%,是所有年龄段中最高的(法国国家统计与经济研究所,《女性,轮廓与特征》I. N. S. E. E., *Les Femmes, contours et caractères*, 1995年2月)。

决方案之一,右派技术官僚建议女性回归家庭。我们的保守派政府重新批准了一项父母教育补助,让女性放弃工作是其隐性功能之一,另一个功能则是提高生育率。这一微不足道的补助先是针对第三孩,后来是二孩,即将面向头胎,说是父母补助,但95%的领取人都是母亲。如此,1993年,5万5千名妇女放弃了工作,然而,尽管有再就业的各项许诺,到了次年,她们当中有3/5没有再找到工作[1]。所以说,我们的政府选择用最古老也最反动的方式来减少失业:让作为弱势群体的妇女进一步减少权益,让她们重新受制于家庭和生育,暗中振兴古老的家庭法。当政府在1995年1月吹嘘减少了1万6千名失业者,当它计划每年减少20万失业者时,它似乎没有意识到这个计划同时会带来几十万甚至上百万的女性被排挤,在未来岁月里要由群体共同扶养。要知道,家庭妇女早已被列入贫困榜单(*hit-parade*)了[2]。

如同在欧洲很多其他国家,失业数据证明了对女性的歧视。无论在何种类别下,女性都占据了失业者中的多数[3]。

---

① 根据伊夫林省家庭补助管理局1993年12月的一份调查,该调查由国家统计与经济研究所公布于1995年2月28日周二。

② Article d'*Info Matin* du 2 mars 1995, p. 15. (《晨间新闻》文章)

③ 300万失业者中,女性占到了170万。年轻女性占很高比例,国家统计与经济研究所在《1993年社会数据》(*Donnés sociales* 1993)中指出:"失业者典型特征就是一个没有文凭、刚失去一份不稳定的企业文员的工作的年轻女性。"

1994年,25—49岁男性失业率提高了2%,而相同年龄段女性失业率提高了7%。面对这样的数据,劳动部长不得不承认"失业增长只涉及女性而男性情况基本稳定①"。在长期失业者中,女性占据58%,80%的兼职雇员是女性。1983年职业平等法,因缺少监督法律执行的政治意志,未能做到缩减两性报酬差距。非技术工的两性工资差距为12%,管理层的工资差距为20%—35%,这一差距在法兰西岛能加大到40%②。另外,在培训、专业化与晋升过程中,女性也持续受到歧视。

因此我们可以肯定,在法国确实存在着对女性就业权、合理薪酬与晋升问题的宽容阈值③(seuil de tolérance)。显然,只要女性没有掌握决策权,那么两性机会平等与职业平等就将只是一个美好愿景。也许只有在政治-象征层面实现真正的平等,才能让法律以及社会-经济层面的措施发挥实效。

法国迟迟才给予女性选举权,对于女性当选议员一直表现得极为保守。1945年,在女性获得选举权一年之后,

① 劳动部长米歇尔·吉罗(Michel Giraud)之声明,见"新一轮失业潮"(《解放报》,1994年11月3日)。

② Christiane Cordero, *Le Travail des femmes*, Editions *Le Monde*. (克里斯蒂安娜·科尔德罗,《女性就业》)。

③ "宽容阈值"这一表达首先出现于70年代初关于移民的公共讨论中,意为当某地移民人口占总人口比例突破一定阈值时,就不可避免会出现社会冲突。——译注。

仅有 6.05％的众议员是女性；1995 年，女性议员仅占国民议会①的 5.6％②。50 年的发展换来的是历史性倒退！法国给欧洲拖了后腿，尽管我们为实现自由的意志、实现平等的能力和为我国民主化进程团结奋进作出了坚持不懈、反复的多重努力。

自由、均等、团结

美好的原则与现实之间的鸿沟，世界各地随处可见，这不仅意味着民主尚未实现，也意味着我们应该创造新工具以促进民主的实现。

丹麦不仅深深打上了三月八日的记忆烙印，也举办了今天的峰会，一个如丹麦这样的国家，可谓给全世界作出榜样和表率：33％的议会成员是女性，职业妇女占女性人口的 76％（欧盟平均比例是 51％），丹麦足可引以为荣。

法国的均等之路③

毛泽东那句"妇女能顶半边天"当然是法国"妇女解放运

---

① 国民议会在 1946 年代替了众议院。——译注。

② 法国 1995 年女性占比：国民议会 5.6％，参议院 5％，大区议会 12.6％，省议会 5.1％，市镇议会 17.1％，市长 5.4％，部长 3 名。

③ 这里主要涉及两性政治均等，也即在政治决策机构男女代表数量均等。

动"的起源之一,是最诗意的起源。1968年以来,我们中的一些人意识到我们不止是人类的半边天。成为政治伙伴,成为完整的公民,这是我们当时强大的内在推动力。

历史一向被视为是普世主义的,号称是中性的,然而实际是同性的(homosexuée)、完全建立在对女性性别隔离基础上的,为了平衡这一历史,也为了在宗教、文化、政治、象征等维度的一元论面前确认我们的存在,我们别无选择,只能聚在一起发动妇女运动。在这场妇女运动里,我们计划强调指出,人生而有两性,同时我们也认为有必要提出一个比"平等"原则更合适的概念,来指明责任和权力在两性之间的正确分配。"均等"(parité)一词在今天还没有完全建构好,很难说已经成为一个概念,但它已经超越了"平等"及其困局,宣告了无视性别差异的那种女性主义意识形态的失败。

矛盾的是,在70年代,由于我们对自己的政治身份,对自己复杂且时常矛盾的战略还处于漫长曲折的摸索中,也因为受到周围反议会制分子的恶劣影响,我们选择了放弃使用自己的投票权①。

---

① 1973年宣传海报上写着:"我们是女性,我们不投票。工人为老板投票,黑人为白人投票,女人为男人投票……"而"选择"(Choisir)协会曾计划推出"100名为了女性的女性"参加1978年立法选举,鉴于实际困难,后减少到44名女候选人。她们在第一轮就落选了,但协会主席吉赛尔·阿丽米(Gisèle Halimi)获得了4.3%的选票。

各候选人的动员未能打动我们，不符合我们的期待和计划。1981年3月8日，我号召女性们从第一轮开始就给密特朗投票①，随后又号召她们在接下来的立法选举中支持左派候选人。

1989年，法国大革命200周年之际，我创立了女性民主联盟(l'Alliance des femmes pour la démocratie)以帮助女性在自己特殊身份基础上充分行使自己的公民权。那一年，我们为政治平等开展了斗争。我们决定出具几份主要由女性构成的候选人名单，首先在巴黎第六区和马赛第四区参加1989年市镇选举，然后在罗纳河口省参加1992年大区选举②：通过这些行动，我们逐步实现妇女解放运动的原初计划，这些实际经验也预告了均等思想的到来。最终在1992年5月，我创建了"均等俱乐部2000"(Club Parité 2000)，对均等的渴望注定

---

① 1981年3月8日，当女性主义不同流派分散在各种不起眼的候选人名单上时，我发起妇女解放运动的号召，呼吁大家从第一轮起就为密特朗投票，不抱幻想，但希望能加速左派的成熟。我们的海报上是这样写的："在情感上，没有为女性谋福祉的男候选人；在理性上，从第一轮起即支持密特朗"。在接下来的立法选举中，我们对女性候选人进行了支持，只要她们出现的地方，就会出现我们的口号："左派中的左派，女性"。

② 1989年市镇选举中，很多妇女都想组建女性候选人名单。采取行动的比如说有安妮·杜布热尔(Annie Dubourgel)在塔南日(Tanninges)，玛丽-安德雷阿·佩雷格兰(Maria-Andréa Pélegrin)在维奥雷斯(Violès)，尼科尔·杜尔纳比斯(Nicole Tournebise)在萨尔格米纳(Sarreguemine)，尼科尔·杜尔纳比斯最终当选。

要迎来这历史性的一刻。

在此期间，颁布了一项选举法修订案，规定选举中的性别配额，该修订案在议会几乎全票通过①，但接下来宪法委员会宣布无效。宣布无效的主要根据是《1789年人权和公民权宣言》，也即法国宪法的参考文本。然而，我们要记得，这一宣言在起草之时，完全将女性排除在公民之外。此后该宣言一直作为几部宪法序言的参照，然而没有人觉得有必要明确指出，这部宣言今后对男性和女性有同等价值。

不同于《联合国宪章》或《1948年人权宣言》这类国际文件，当我们现行宪法②所参照的1946年宪法在序言中宣称，所有人"无论种族、宗教、信仰"均享有"不可让与的神圣权利"时，未提及性别。自1989年起，我要求修改宪法序言，让任何人无论何种性别都能享有不可让与的神圣权利和基本自由。正如大家所知，我们的司法尽一切努力，不仅是政治努力，来对女性进行象征排除，这一切的核心就是宪法序言。在各种

---

① 1981年总统选举前夕，似乎是为了向女性选民示好，右派政府制定了一项法律草案，规定候选人名单中每种性别的人数不少于20%。这是首次出现配额制。在吉赛尔·阿丽米的施压之下，左派政府将配额提高到25%，并且在国民议会几乎全票通过。但宪法委员会于1982年11月18日宣布该修订案无效。

② 此处指的是1958年第五共和国宪法。——译注。

纲领性文件中,我们总是不能如男性一般地享有公民地位。这可以称得上是一种宪法厌女症。如果女性在法律上没有一个显著的象征表达,两性平等在立法领域就只是碎片化的、辅助性的、被切割状的。这正是我长期以来强调修改宪法序言重要性的原因。1993年初正值宪法修订之际,我致函共和国总统,建议修改序言。

欧洲的均等

欧洲是在1989年突然开始关注均等问题。那一年欧洲委员会对民主的哲学基础进行追问,认为要重视两性差异,提出"均等民主①"这一观念,这与我多年来对"一如众,众如一"这一普世主义的批评不谋而合。

1992年11月,欧洲委员会在雅典组织了一次欧洲峰会,

---

① 克罗黛特·阿普里尔(Claudette Apprill),两性平等领导委员会(C. D. E. G.)专家,在《欧洲委员会对均等概念的贡献》一文中(1994年9月比利时科技与文化事务联邦服务手册《妇女研究》刊发),承认是她创造了"均等民主"一词。两性平等领导委员会在1989年11月以"均等民主,欧洲委员会四十年行动"为主题,组织了一场关于均等的工作研讨会。"比利时手册"的第一部分有很多关于均等的好文章,尤其是艾丽亚娜·沃热尔-波尔斯基(Eliane Vogel-Polsky)撰写的那篇:《平等困局,或为何旨在实现两性平等的司法工具需以"均等"字眼再考虑》(Les impasses de l'égalité, ou pourquoi les outils juridiques visant à l'égaltié des femmes et des heommes doivent être repensés en termes de parité)。

主题为"给女性赋权",在随后颁布的宪章中,要求两性平等参与公共政治决策。这份由很多重要政界女性共同签署的雅典宣言得到广泛传播,在均等观念作用下,法国人的思想有了显著变化。

1993年11月,《世界报》刊发了"均等民主577声明①",这一声明起到关键作用,各左派政党无论大小,都在制订候选人名单时体现了均等原则,以作为1994年6月欧洲选举的竞选策略。社会党充分尊重数量均等②,也不失时机地给予了男性奖励:一名男性位列名单之首,共8名男候选人与7名女候选人;共产党和环保党(即绿党)也遵守了均等原则,这样做对他们来说并不新鲜。"极端能量"(Energie radicale)将我也列入他们的名单中去,也许排在最后,第十三位,他们将我视为带有女性计划的象征,最终有些出乎意料,名单上13位候选人,5位是女性。

我对于量的均等与**质**的均等所做的区分,似乎在欧洲选举时得到印证并在之后得到进一步证实。量的均等,指的是

---

① 声明要求"通过一项组织法,条文很简单:无论在地区还是国家议会中,男女议员数量均等"(《世界报》,1993年11月10日)

② 我在1993年3月遇到米歇尔·罗卡尔(Michel Rocard),试图说服他在社会党欧洲选举名单上遵守均等原则。他后来是遵守了均等,但没想到的是,他将他们党的女性主义者全部排除在名单之外。

男女互换,女议员并没有任何关于女性的专门计划。环保党从他们的第一份候选名单开始,遵守的就是这种量的均等,除了那些当选的女人,我们看不到对女性起到什么实质性帮助。至于社会党在欧洲议会当选的 7 名女性,她们当中谁也没有选择加入妇女权益委员会或其他能影响女性事务的委员会。她们每个人都是和男人一样的社会党员。关于均等量与质的区分,我稍后还会提及。

1994 年末,在维也纳为北京妇女大会进行筹备时,尽管均等概念也存在于美国,但是不遗余力宣传推广这一理念的是欧洲女代表们。欧洲委员会的相关动议,北欧诸国加入欧盟,这些都有力支持了**女性赋权**(*empowerment*)战略,要知道北欧诸国议会中女议员人数普遍超过 30%。

病因诊断

就像历史表明,平等权的获取极为缓慢与困难,获得的权利也是不完整的。以抽象、中性平等之名义,基于性别的积极歧视①(discriminations positives)遭到禁止,人们很难意识到实际平等状况。尤其是,司法逻辑没有考虑到这一点,即存在

---

① 积极歧视:善意地用救助的方法对弱势群体区别对待。——译注。

着两种性别,而这两种性别彼此不可化约。

平等理念如同社会契约论的哲学幽灵,对平等困局进行的各种解释,看似恰当,却囿于自身所揭示的陷阱中,因其未能考虑到左右平等理念的基础与上层建筑。社会工作和社会学以**拦腰法**[①](*in medias res*)的逻辑原地踏步,按照这种逻辑去思考共和民主政府,其思考的层面相对于真实与象征的政治层面,不仅只是补充性的,也是次要与相对的。

在自诩创造了人权及其普世性的这样一个国家,女性在政界的代表不足,这一令人愤慨的局面如果不被视为法式厌女症的结果,就会像谜团一般令人费解。可以说,法式厌女症既铭刻在共和国法律原则上,也体现在对现实的反常的否定中:我知道人生而有两性,但我们就当它只有一种。

这种对两性存在的否认,毫无疑问助长了平等逻辑的滥用,平等逻辑几乎已成为一种教条,导致如今明显的不平等结果。这种同一逻辑(logique du même)的反常效应,将近 25 年以来,我一直加以揭露,它导致了女性的不可见、无

---

① 拦腰法:一种文学作品与戏剧的叙事手法,故事从某个中间点,而不是从最初开始进行。——译注。

能、不存在,导致她们简单纯粹的消失。然而,时至今日,还有很多女性主义者主张这一逻辑,而均等观才可能给平等困局提供一条出路,当然前提是要对均等观进行缜密的设计。

对于至高无上的"一"——上帝、天父、天子、皇帝或菲勒斯——的热衷,激励着绝对王权,这种热衷到了启蒙时代思想家那里,化作普世共和,整体性的不可分割的共和:众多"一"的变体不想去了解"二","二"乃至更多,而现代民主精神本可以发轫于"二"的存在中。我们的宪法同时受君主制和共和制的启发,也保持着对"一"的热衷,因此才会忘记指出人类不是中性的。宪法一方面将两性差异当作次要差异,另一方面又将一些实际次要的差异当作基本差异,之所以说它们是次要的,是因为那些差异在一个人的一生中或人类历史发展过程中,是可以被化约掉的。症状就是,真的重要的东西应该保持被排斥的状态,也就是说要被彻底超越、不容思考:不可化约的真实,就是人类命运存在两种性别,公民也一样。又一次,排斥机制各就各位,在政治-象征体系中遗忘了女性的存在,从而贬低女性实际做出的特殊的贡献。

宪法序言没有明确指出人生来不是男孩就是女孩,人终其一生不是男人就是女人,由此再次否认、再次排斥,试图无视一种性别跟另一种性别是不一致的。而正是在这种性别的不一致，相似的人类才有可能生生不息，这种繁殖力不仅是在生物层面上的——如其他一切有性繁殖的生物那样，如动植物那样，也出于人的特殊性，它也是在人类学、文化、历史和政治层面上的。

西方人心心念念的普世情结，正如尤利西斯将自己绑在桅杆上，生怕代表原始冲动的塞壬会让自己陷入万劫不复的境地，显然，这是一种青少年意识的早熟阶段。在这种青少年意识里，"二"的存在必须维系于"一"的逻辑，没有他者，或虽有他者，仍属同一，如此才不至于损伤"众"（Tout）的强烈自恋。"众—一"（Tout-Un）机制要求排除差异，或不得已，只能接受它存在的必然结果：一种经过计算的、定量的、可控的、顺势疗法式或接种疫苗式的接纳，对这种差异排斥式的接纳。因此，只要存在着"二"，建立在上述逻辑上的抽象的、中性化的、未分化的平等，就只能与它的初定目标背道而驰，导致越来越多的不平等与歧视。

因此我们可以理解平等历程曾是一场漫长的急行军，一种矛盾与分裂，既违背又保持人权宣言与之后的宪法精神。宪法序言以为能同时服务两位主子：一方面是共和制与君主制，也即"一"，另一方面是当代政府建立在单一菲勒斯（monophallique）暴政之上的民主让步（女性投票权之让步，职业平等之让步，等等）。

质的均等

既然整个民族是由两性组成的,理应由每种性别平等地去代表整体。可事实上,语言层面代表人类的只有男性——我们依然在说人权①(droit de l'homme),政治领域也是如此,古今中外概莫能外。这一事实突出说明**普遍的人**(l'homo universalis)是一名男性,而非女性。如果说人类是多性别的,教会和国家却只允许男性代表,或者让男性和女性都由一个对象来代表,而这个唯一的对象仍然是、一直是雄性的。以此观之,如果说在当下,二分之一的公民是女公民,及至他日,在一个一体化的、不可分割的、普世性的共和国内,二分之二的公民都将是男公民。因为作为教会的长女②,如果法国在今日还像天主教会那样,自视应由模仿天父形象的儿子们来代表,那么在明日,当法国变得更民主之时,就可能会跟新教那样,允许出现"女儿子"类型的代表,这样做的同时维护了那个绝对的象征体。子权制下的均等当然会接纳女儿或女儿子们(如同她们是儿

---

① 在法语中,homme 这个词既表示男性,也表示人类整体。——译注。

② 在法语中,法国(la France)是一个阴性名词,因此这里称为"长女"。——译注。

子），根据一种弗洛伊德教导我们的"如同"（"comme si"）哲学去进行接纳，这种"如同"哲学完全与现实无涉，却能满足一个罹患恐惧症的自我之强迫症式的宗教或意识形态幻觉。

这样一种可笑的公民类型：她们意识到人生而有两性并投身去争取均等，最终却发现自己被复制成一致的、完全"男性性别化的"（hommosexuée）；对这种公民类型而言，自我可能永远不会遭遇内在分裂，不会存在潜意识，也不会被那些已清除之物所污染；这是一种没有女性的公民类型，总之，是一种被净化过的公民类型。

若均等概念只是异质现实与抽象原则之间的一种妥协，可以想见，在实际使用过程中，它会导致比它所减少的更多的歧视。如果意识形态紧张地阻止它进行缜密的理论化与观念化，均等这个词本身很快就将如同一个无聊的偶像崇拜品那样运作，在其实践过程中，无论采取何种方式和战略手段，最终必将走向跟平等原则已经、正在和将来所经历的同样的困局。

然而，均等逻辑有办法进行组织以走出平等逻辑。均等逻辑能利用、使用平等逻辑以进行计划、谋划，宣告走出人类自我摧毁的恶性循环。不仅真正的均等逻辑能跳出这一恶性循环，而且，因为均等逻辑基于对话原则，能给两性意识创造一种开明的多元普遍性①(diversalité)。不同于从今往后僵化的普世主义,由两性所代表并由两性二元结合(couplaison)形成的多元性将在一个异质化的共和国里实现,该共和国不在"一"的内部,而是超越"一"的。正是在那里,均等观念才能摆脱绝对配额制(50/50)的量化模式,摆脱*政治正确*(*politically correct*)的版本,摆脱一种僵化不变的意识形态,从而获得发展展开的可能。

自从这一概念成为妇女运动的标配,如今也成为各政党必须考虑的问题,这其中究竟发生了什么? 均等逻辑与均等目标多种多样,这主要受力比多倾注以及两性行动者心理类型的影响,此二者的影响力超过政党归属的影响力。也就是说,均等概念逾越了左-右派分野。

实际上,我们能观察到一种保守主义的均等,之所以说保守主义,是因为它保持了"一"的绝对至高地位,并在视域中将一种改革过的中性主义确定下来:此即环保主义者与社会党在欧洲选举中的量的均等。很多女性主义方案都奉行量的均

① Diversalité 这个词是马提尼克岛作家 Raphaël Confiant 创造的概念,用以区分标准法语中 diversité(多样性)。在作家看来,diversité 隐含霸权对世界秩序所做的泾渭分明的区分,如人种分为白、黑、黄。而多远普遍性(diversalité)则包含混血,更强调共生共处,你中有我、我中有你的关系。——译注。

等,应该被归入相邻类别,这些方案都试图以新教而非天主教的模式来保存被*中性化*(阳性-阴性)[①]的"一"。这种均等要跟另一种真正质的均等区分开来,质的均等以性别差异研究为前提。在这个方向上,有些女性将均等视为对平等的放弃。而我则倾向于认为,均等会朝向一种演变(改革)的成熟阶段迈进。必须穿越和超越,最终才能走出平等逻辑,而要穿越和超越,就不得不从内部开始,正如力比多的演变那样,我们可能会位于"一"的内部,饱受分裂与歧视之苦。

只有在一个紧密融合的平等之外,均等才能抵达女性伦理价值形成的阶段,而在抵达之前,它会不停地进行菲勒斯中心主义的宣言和煽动。因为,要让量的均等转变为*质的均等*,仅仅让人民女代表们提出一项针对女性的计划是不够的,这项计划还必须将女性作为女性,而不是作为形成中的男性来考虑,也就是说这项政治计划应考虑到女性作为有性人类的性别经验事实——生育之艰辛,妊娠之冒险,妊娠是迎接他者的特殊时空——与作为担负世界责任之人的经验事实。

均等在当下面临的真正挑战在于:是在对"一"的执迷

---

① 起初,*gender* 这个词表示词语的阴-阳性,正如在法语中的情况那样;在女性主义理论文本中,这个词越来越倾向于替换 sexe。西方女性主义借此表示拒绝谈论性别差异的生理基础,从而确认性别差异彻底的文化与历史特征(因而也是可改变的)。

中不断堕落成"众——",还是凭借包容宽厚、富有繁殖力的"二"的智慧,冒险开创出一个绝妙的新局面;是打着分享的旗号,成为霸权统治的斗争策略,还是成为增加人类机遇的诺言;是在不做结构调整的前提下,将姐妹们与兄弟们一道纳入儿子共和国,还是超越所有那些建立在否定之上并招致自杀恶果的"主义"——社会主义、女性主义、普世主义和其他老生常谈,将一种排斥唯一能进行创造的活物种的那种知识表达出来。均等必须超越平等,将平等作为公正来加以实现。无论在历史展望还是在根本前提中,即使遭受两性的否定与歪曲,哪怕他们是被迫承认,均等都应是有不同性别的(hétérosexuée)。均等,意味着平等加上繁衍的异质性。

今天参加圆桌会议的各位,既有来自非政府组织的代表,也有议员,每个人可能都像我一样,既是非政府组织成员又是议员,将我们联系在一起的二元结合,可以说是均等的。对我而言,均等意味着,我感到自己既是非政府组织成员,也是议员,正如,当我只是非政府组织成员的时候,我坚信自己是在进行政治活动。

非政府组织参加联合国官方会议带来的建设性作用已经毋庸置疑,而这正是均等的一个绝佳范例,政府和公民之间良好的均等能协调与促进世界发展与和平。不用说,公民社会①(société civile)主要由女性构成,权力机关主要由男性构成,二者表明一种彼此联合大有裨益的性别化(sexuation)。均等,在明日,将是公民社会从属地位的终结,均等将不仅意味着城邦民主权力的分享,更是权力的增加。每位公民既享有选举权又享有被选举权,通过合理分配,每位公民都能在某种程度上持有部分权力,从而打破霸权统治。这就是女性进入公共生活带来的民主革命。

经常有人跟我们说,我们的妇女运动是知识分子的产物,跟现实世界脱节。可如今我们看到了什么?自由、平等、均等与团结的模式跟每种文化相适应,在世界各地造就了女性民主英雄。我只举三个例子:塔思利玛·娜丝琳(Taslima Nasreen),她为了孟加拉国的两性平等而斗争,如今流亡在瑞典。昂山素季,缅甸全国民主联盟创始人,在1990年5月大选中大获成功。1991年,她因个人政治事业获得"诺贝尔和平奖"。在将近6年的软禁生涯中,她一直致力于促进民主发展。蕾拉·查娜(Leila Zana),土耳其议员,第一位当选议员

---

① 公民社会或市民社会(Civil Society)是指围绕共同的利益、目的和价值上的非强制性的行为集体。它不属于政府的一部分,也不属于盈利的私营经济的一部分。换而言之,它是处于"公"与"私"之间的一个领域。通常而言,它包括了那些为了社会的特定需要、为了公众的利益而行动的组织,诸如慈善团体、非政府组织(N.G.O.)、社区组织、专业协会、工会等。——译注。

的库尔德女性,在历经一场不公正的诉讼之后入狱,她曾发出呼喊:"我们坚决坚定地要求民主与和平,这就是我们唯一的罪行。"这些女性英雄只是冰山一角,冰山主体由百万计我们看不见的女性构成,她们是希望与力量,在全世界各地,她们已经觉醒、倾听、聚集、组织起来,采取行动,开辟民主的新领地。

有人烧死了一个女人

2002 年 10 月 9 日 [①]

您肯定已经获悉 2002 年 10 月 4 日发生在塞纳河畔维特里(Vitray-sur-Seine)的一则社会新闻:一名 17 岁的少女,索阿娜(Sohane)遇害,她被一名求爱被拒的追求者伙同几个街区的男孩强行带到在郊区一栋廉租房,并受到拘禁,最后被活活烧死在廉租房的垃圾存放处。

就在同一天,一个年轻的原籍马格里布的年轻男子在敦刻尔克被一个疯疯癫癫的醉汉枪杀。这一行为立刻被界定为种族歧视性质的谋杀,受到了国家最高行政机构的强烈谴责。种族主义是"我们社会应该摘除的恶性肿瘤",内政部长如是说。相反,少女被野蛮谋杀的案件,尽管带着明显的性别歧视

[①] 摘自我以争取民主妇女联盟主席的名义寄给共和国总统府的特派员布朗蒂娜·克里格尔(Blandine Kriegel)的信。

的特征,却没有从这个角度得到深发,也没有引起任何官方的抗议。

沸沸扬扬的媒体和公众舆论明显有两种衡量标准和尺度:对年轻男子的死表现出来的是群情激奋,而对少女的死的回应却是一片死寂。

然而,索阿娜被谋杀是城郊女性整体地位低下的一种投射。这一次,死亡揭露了她们所遭受的不安全和暴力侵害的极致。

多年以来,我坚持不懈地向共和国总统谏言,尤其是1992年在联合国大会、1993年人权会议、1995年妇女大会,随后是1994—1999我任欧盟议员期间在女权、公共自由、外交事务委员会,我都大声疾呼,为了让女权成为人权不可或缺的一部分,呼吁借鉴已有的反种族歧视法来制定反性别歧视法,以期用它来反对厌女症。

——在法国层面,建议修改宪法,把1946年宪法的绪论中"人人享有神圣不可侵犯的权利"改为"人人享有神圣不可侵犯的权利,**不论性别**、种族、宗教、政见和性取向[①]";

---

① 贝特朗·德拉诺埃(Bertrand Delanoë)刚刚受到的攻击表明把这一点加上去是多么必要。

——在国际层面，直接和 1993 年世界人权会议（Conférence sur les droits de l'homme）的易卜拉希姆·弗尔（Ibrahima Fall）对接，把女性的基本权益作为"人的普遍权利中不可剥夺、整体的、不可分割的一部分"写进纲领；

——在欧洲层面，把反对种族歧视、排外、反犹的斗争扩大到反性别歧视（厌女症和 /或反同性恋），从这个角度出发去修正法律文本、报告和决议。

30 年来，您知道，这一诉求被载入法律和落实都遇到了非常大的阻力。然而在当今的法国、欧洲、印度、孟加拉，在全世界各地，还有无数女性遇害。

共和国的总统，雅克·希拉克，在约翰内斯堡（Johannesburg）也掷地有声地说过："我们的家着火了，我们却在看别的地方……地球和人类都在毁灭，而我们每个人都有责任……我们不能说我们不知道！切莫让 21 世纪成为危及生命、遗祸子孙后代的世纪。"

这一次，是一个女性的身体，是最初的家园，是所有人生命之初的栖居，被烧毁了。我们能袖手旁观，能一言不发吗？

我期待您可以帮助我们，支持我们对女权的普及、教育推广工作，并修正相关法律法规。

后　　记

每一次孕育都仿佛再造人类

2012 年 11 月 19 日[①]

　　我不是分娩方面的专家,我只能跟你们分享 44 年来,也就是从 1968 年 10 月"妇女解放运动"成立之初至今,我所遇到的困难,引导大家如何去思考生育问题。谈论生育问题或者说"母性"问题,要么让人联想到保守的"工作、家庭、国家"三部曲,也就是说"女人就是子宫";要么让人联想到西蒙娜·德·波伏瓦提出的所谓解放的模式,"女人不是天生的,而是后天形成的",这种模式抹杀了生育,回到"女人不是子宫"的命题上。

　　我的路径是完全不一样的:1964 年我怀孕的时候,孕育

---

　　① 　2012 年 11 月 19—20 日在马赛召开的"遇见母性:专业人士和初为人母"大会(*Rencontres de la maternité : les professionnels et la naissance de la mère*)的开场讲座,2013 年被收入论文集发表。

的过程让我对两性差异问题思考了很多。生育对我而言就像一个要进行下去的活动的关键：不是意识形态上的活动，而是象征层面上的。我的思想面对的是一种一神论、男性中心论、男性统治的文化，这种文化把孕育贬低成一种奴役：就像上帝需要男人，男人需要女人来繁衍后代。这一文化的代表，雅克·拉康不仅断言女性不存在，而且声称生育脱离了象征秩序，也就是说脱离了话语、言语和理性秩序。

我女儿出生的时候，我明白是儿子让女人成为母亲，是他让她在父亲的家中有了一席之地，让她变得合法，条件是对她而言他不是她情感的对象（弗洛伊德语），也就是说，她消失了，她只因他并为他而存在：母亲全身心都属于儿子，属于绝对的菲勒斯。我曾经对拉康说，在这种关系中没有父亲：只有儿子，让吞噬女人的父权制代代相传。

但因为我出生在一个女孩也受到重视的家庭里，所以我会认为生一个女儿并为母女的自由而斗争是幸运的，反对对她们的奴役，反对处在统治地位的父权制把母亲和女儿分化。于是我的命运在那一刻变得无比清晰：这个女儿会让我变成一个女人，会赋予我存在的自由。成为千千万万女性中的一员。

这就是"妇女解放运动"所要投身的事业，或者更确切地说是我所倡导的道路。和"心理分析和政治"小组一起,我们把妇女解放纳入双重工作之下:一方面是内心革命和政治革命,另一方面是改变和无意识领域的革命紧密相关的女性历史状况。

在"五月风暴"中应运而生,"妇女解放运动"是一场真正的文明的运动——就像我一开始所强调的一样——,它让一种受到限制的性欲和被奴役的生育过渡到一种自由的性欲和自主的生育。被"妇女解放运动"释放出来的女性话语证明她们希望有决定做不做母亲的自由。

1967 年的《纳维尔特法令》①(Loi Neuwirth)允许避孕,但落实得并不够。我们积极奔走希望女性可以获得更多权益,争取有堕胎自由并免费提供服务。打出"想要孩子才要,想什么时候要就什么时候要"的口号,我们不仅要求有自愿流产的权利,还希望有自主的生育权,以确保女性拥有此前一直被无视或被排斥的欲望。

受过"妇女解放运动"熏陶或享受到这些自由和权利的受益者们,她们都肯定了这种最初的欲望:我称之为**创造力比多**

① 纳维尔特法令部分废除了 1920 年的法令;女性取得了避孕自由,但该法依然禁止堕胎。

（*libido creandi*）的生命冲动。今后，我们跟我小时候听到的种种把自愿怀孕说成是被迫怀孕的让人觉得脸红的说法已经很遥远了："不小心怀上了"，"是他想要孩子"，"怀孕是为了传宗接代"……今天怀孕女性说的话都肯定了她们想当母亲、想生育、想赋予生命的意愿，这并不妨碍她们追求事业实现抱负。我们看到，法国是欧洲唯一一个生育率和女性就业率都最高的国家。

不过，虽然女性对国家财政的贡献巨大，然而生儿育女既不算在国内生产总值（P. I. B.）里，也不算在国民生产总值（P. N. B）里；就算它没有被贬低、不影响外出工作，它也像是一种地下的、不为人所知的、隐藏的价值。平均每个女人生两个孩子①；她们是"半边天"，但她们肩负起了全人类的未来，因为是她们在生儿育女，确保世代延续。还没有人计算过生两个孩子需要付出多少时间，18 个月每天 24 小时整个身体不停地孕育，除此以外还要加上工作和几乎都落在她们头上的家务；女人是**三重的劳动者**（*trois fois travailleuses*）②。20年前，当我向欧洲议会介绍我的"三重活力"（triple dy-

---

① 法国 2012 年的生育率和 2011 年一样，保持在平均每个妇女生两个孩子（来源：法国国立人口研究所）。

② 这是我们于 1982 年 4 月 22 日创建的妇女工会联盟（Confédération Syndicale des Femmes）的口号，为了让大家意识到女性同时肩负的三重工作。

namique)理论时，我受到了不少嘲笑，这个理论我也称之为"3D理论"——人口（Démographie）、发展（Développement）、民主（Démocratie）①。而今天，没有哪个一流思想家不把一个国家的人口当做国家财富的一个指标。而人口完完全全就是女人身体的直接产物。

今天我们汇聚一堂来谈论"母性"，因此会谈到母亲、父亲、孩子……但我想和你们谈论的是女性——那些还没有做母亲的女人、那些已经生过孩子或正怀着孩子的女人。

我想超越"母性"这个话题。每个女人，除个别例外，都有生儿育女的能力，也只有她有这种能力，因为男人一旦付出了精子，就对孕育完全失去了物理、生理和心理方面的控制。而一个怀孕的女人还不是一个母亲，就像胚胎或胎儿还不能算孩子(以前我们称怀孕的女人为准妈妈，我们也说女儿有朝一日会从年轻女子的身份变成母亲的身份)。生育的确确是女人生命的一部分。

_____

① 1994年9月在开罗召开的联合国会议上，提出了"人口和发展"，在1995年、1996年的欧洲议会，1997在新德里，我都充分肯定女性的主导作用，如果她们把三重负担转化为三重活力，这三股力量就像辫子一样，缺了那一股都不行。

试图去理解母女关系,我发现首先是一种 *homosexuation*(同性化)①。一个怀孕的女人会重新经历她在母亲身体里的感受,以一种积极的方式:有一种分娩经验的传承。和儿子不一样,女儿用不着回故乡,因为她就是故乡本身。她自身就带着诗意,带着孕育的能力;创造的经验已然在那里。"和母亲同性化"(*homosexuation à la mère*)应该自行建构。这是一种认同的安全感,主体的稳定性,使之可以走向另一种性别,走向差异——男性,因为男性是不同的,是第二性,他是第一性也就是女性生的。

当时我还不知道代代相传、人种延续的命运就写在线粒体 DNA② 上,但我能感觉到母亲传承的是一种真正的馈赠,毫厘不差,不计回报,同属的也是慷慨的,就表现在这种二元的、复数的母/女、女/女的关系中。

直到今天,母女关系依然在根本上和心理建构上是被禁止的,这种禁止是那么根深蒂固,以致于被内化了,甚至表面已经看不出来了。很多小女孩长大成年轻女子,还一直认为

①　"和母亲同性化","最初的(天生的)同性恋",是我在"妇女解放运动"最初的两年中建构的观念(1970年秋散发的传单《女人、性、政治》,之后在 *Génération MLF* 1968—2008, Editions des femmes, 2008 年发表)。

②　我们在线粒体中发现的线粒体 DNA,双螺旋形 DNA 分子都是仅通过母亲来遗传的,可以用来比较基因的相似度,并一代一代地追踪下去。

自己一无是处,认为自己一无所有因为她们没有阴茎。自从有人类出现,女人们都在生男孩或女孩来繁衍人类。只要女人不把生命的意义赋予女孩,让她们认同自身生命和自由的价值,那么一切都不会改变。女孩们应该意识到专属于雌性的美妙而强大的创造力,而不是耽于对性别的迷思,否则她们就会一直困在男性中心论里无法自拔。

哲学层面上的欲望是各种论文和长篇累牍的巨著研究的主题。而生育的欲望却在很大程度上受到漠视、引起恐惧、被搁在一边或被鼓励生育和保守的意识形态所操控……因此很少从自身的逻辑出发去思考。

然而,想要孩子就是欲望本身。在这一欲望中心,会有孕期焦虑症的问题。这是一个物理和心理双重问题:妊娠的女人应该把怀孕的身体和怀孕的心理调适好,甚至心理因素会导致假性怀孕,出现类似怀孕的症状,比如神经性妊娠。而拒绝怀孕会引起心理上的不育症,从而影响到有生育能力的身体。排斥养育孩子,有时甚至会导致母亲在婴儿一出生就做出弑婴的行为,而这也表明了母亲的职责包罗万象,生养工作多么繁重,尤其是责任多么重大。我认为对孕育价值的否认造成的直接后果就是,对这种特殊又普遍的经验的象征意义的排斥,这种经验目前还说不清道不明,没有拥有话语权,是对内在的排斥和抗拒，试图延续"这并不存在"的观念。

　　我读过一本精神分析学家克洛蒂·卡夏尔（Claudie Cachard）写的一篇名叫《与焦虑一起生活》（*Vivre d'angoisse*）的绝妙文章。"与焦虑一起生活"，对我而言就是怀孕那段时间。很久以前，在我很年轻的时候，我写了一篇关于"《乡村牧师日记》（*Journal d'un curé de campagne*）中的焦虑和希望"的硕士论文；不能生一个孩子，于是这个牧师生了一个肿瘤……但乔治·贝尔纳诺斯[①]通过信仰和神秘主义，还是说了这样的话：作为第六感的焦虑，在可见和不可见之间，在某种程度上回应了希望。妊娠的焦虑是即将到来的生命、即将来到的孩子的希望。心怀希望，就像期待一个孩子的来临一样。

　　这就是我对妊娠的看法，既是诠释行为的场所——诠释了我的生殖性——也是很好的思想的场所。如果梦是通往无意识的"皇家大道"，也就是说，是象征化（这是梦的工作）过程的源头，因为，在睡眠中，做梦的主体仿佛回到了**在子宫里**（*in utero*）的状态，那么在子宫里的生命，对孕育者和胎儿来说，为何不能是另一条"皇家大道"呢？这是 1968 年、1970 年那段时间我有的一个想法，当时女人们宣称"我们的身体属于我

---

　　① 乔治·贝尔纳诺斯（Georges Bernanos, 1888—1948）：法国小说家、评论家，代表作有《一个乡村教士的日记》《圣衣会修女的对话》《在撒旦的阳光下》等。

们自己"：这一部分无意识的成熟属于我们自己。

很快，我的问题就成了：在一个男人的身体里，这是怎么运作的？一个孩子是怎么走进一个男人的生活的？我发现自己没有能力去思考这个问题，尤其不能以精神分析师的身份去思考：精神分析师们怎么会继续认为孕育是以无意识的形式——以"黑色大陆"①的噩梦来呈现的？对谁而言孕育是黑色大陆？如果不是对那个无法作为积极的、伦理的主体回到生命的起点的男人，那个苦于被排斥孕育这个对他们而言不可能的现实之外的男人？

我想再引用拉康在《研讨课》中谈到精神病患的话，在这段话里他也阐明了真实的概念："如果说有什么是偏离象征这条线的，那就是生育的根源，一个生命从另一个生命体中诞生。"②我补充一下：从一个女人身体里，而不是一个男人的身体里，诞生一个活生生的、会说话、会思考的生命。最近，一个精神分析师告诉我他的一个患者说的话，那个患者无法忍受

---

① "女人，就是黑色的大陆"，弗洛伊德如是说，他把女性当做一片黑暗的、未开发的区域，和滋生了女魔头、美杜莎的幻想类似；事实上，当男人们惧怕子宫的力量时，母性的大地就变成了 *dark continent*（黑色大陆）。

② Jacques Lacan, *Le Séminaire*, Livre III, *Les psychoses – Du signifiant et du signifié – Qu'est-ce qu'une femme*? p. 202, éd. du Seuil, 1975.（雅克·拉康，《研讨课》，卷三，《精神病——从能指到所指——女人是什么?》）

"人是从那里生出来的"。对女人性器的无知,对孕育的蔑视:害怕看到"那里",害怕知道孩子是怎么怀上并发育的。

妇女运动揭露,这片"黑暗大陆"事实上是一片没有取得合法性的大陆——因为女人打的是"黑工",她们为人类进步做出的贡献没有得到象征、政治和经济层面上的认可。现在需要去开发这片大陆,去明白这既不是一个未知的湖①也不是一个可疑的保护区②,而是有血有肉有象征意义的所在,它应该超越生育自身可以被阅读、被言说、被创造,对女人和她们的女儿而言,应该作为一种共同的、普遍的命运。因为这也是一个开放的场所。男人如果去诗意地聆听,去尽可能回溯自己在母亲身体里孕育的过程,他就可以了解怀孕的经验。从那时起,他就可以走出神话、走出被妖魔化的母性,从而认同创造性的、有益的母体,接受一种完全的托付,回溯他来到人世最初的旅程,聆听他者的语言。生育和所有人都密切相关。

不过,如果我们每个人,男人和女人,都有这种作为造物的被繁殖的经验——被生出来,但我们也有作为造物主——

---

① Jean-Yves Tadié, *Le Lac inconnu. Entre Proust et Freud*, Gallimard, 1975. (让-伊夫·塔迪埃,《未知的湖:在普鲁斯特与弗洛伊德之间的秘密》)

② André Green, *La réserve de l'incréable*, in *La Déliaison. Psychanalyse, anthropologie et écriture*, Hachette, 1998. (安德烈·格林,《可疑的保护区》,见《断连:心理分析、人类学和写作》)

赋予生命的经验，不过这里的造物主只有女性。也正因为这个原因，女性处在竞争、挑战和被统治的地位。

如果存在两种经济，一种是菲勒斯经济，一种是子宫经济（或者说女学），我要强调在创造生命的时候子宫力比多的重要性，只有菲勒斯力比多是不能创造出生命的。

存在一种对女性作出的贡献——生命力——的无知和漠视。话说这种力量源自女人，从一种宗教的、形而上学的思维形式变成一种唯物主义的、科学的思维形式；这是睿智的生物学家弗洛伊德一直都指出的事实。

自从"妇女解放运动"开创以来，我一直都在不停地工作，致力于让人们承认女性特有的能力是一种文明的能力，也就是说是可以象征化的，或许可能是人类人性化的所在，因为每一次出生，个体发育都蕴含着种系发育：每一次出生都重新打开了人性化的档案。女人既是档案员也是多种变化的携带者、孕育者、哺育者、保育员，说到底是**人类文明的创造者**。有人称之为**女性特性**（*womannity*）。这是致力于人类文明的工作。一代代人出生，她们给予人类的不仅仅是生命，她们也在教化人性。

这里展现的是一种特殊的智慧，同时也是普遍的智慧，或许它的蕴涵太丰富，以至于没有发展出一门专门的学科去研究它。它不是生物学，也不是遗传学，而是**生育学**（*génésique*）。这也是我 40 年来创建的**女性学**的研究对象，是一门从生育经验出发、让女性价值体现出来的跨学科的人文科学。

人类最初所处的环境（*Le premier environnement de l'être humain*），女人怀孕的身体，对身体和大脑等的形成是起决定性作用的。这是人类生态学的基础。我不知道在讨论转基因玉米、臭氧层和生态学者们组织的正义斗争时，他们是否对我们这种独一无二的状况进行过足够的思考，是女人生育了会思想的生命。这一环境同时也是一个一直处于进化过程中的生命。一切都在那里！考古学让历史能回溯到更久远的古代，从而推动了学科的进步。我们也应该进入人类考古学的时代：人类是怎么发明语言的，生命为何可以被塑造，今天生命的转换是如何通过怀孕的身体到受精卵、到胚胎、到胎儿的。

"怀孕女人的肚子每秒钟发生一百万个生化反应"，米歇尔·赛尔（Michel Serres）在《炽热》（*L'Incandescent*）①一书中这样写道。存在母体-胎儿的交流，并且在人身上留下子宫记忆的痕迹。这些交流的证据就是线粒体 DNA 不只有生物学

---

① Michel Serres, *L'Incandescent*, LGF, 2005.（米歇尔·赛尔，《炽热》）

上的意义:荷尔德林(Hölderlin)在母亲的肚子里就已经成为诗人了,因为她给他听音乐①。在子宫里生活的痕迹在很多作家身上都能找到——比如在《克里斯托巴尔·诺纳托》(*Cristobal nonato*)一书中,作者谈论了他在子宫里的生活②。因纽特人很看重这一经验,有一整套专门的话语去讲述:有些人能描述他在子宫里的生活。

我所关心的,是一切可以被言说、被分析和被研究的生命都是如此。因此人类学家、精神分析师、或许还有哲学家,去思考这一子宫的学问是至关重要的。狄德罗在《生理学的基础》(*Eléments de physiologie*)一书中说,孩子在子宫里学会了他一出生就知道的知识③;弗洛伊德也谈到了孕期母体和胎儿之间的互动④。但我只读过一篇分析母亲的梦境和母

---

① 皮埃尔·贝尔托(Pierre Bertaux)在他写的传记《荷尔德林或诗人之时》(*Hölderlin ou le temps d'un poète*, Gallimard, 1983)中更深入地诠释了这一假设。

② Carlos Fuentes, *Christophe et son oeuf*, Gallimard, 1990.(卡洛斯·福恩特斯,《克里斯托巴尔·诺纳托》)

③ "人类的理性或者说本能是由他自身的构造和母亲在怀胎九月时传递给孩子的秉性、爱好、资质所决定的。"(狄德罗,《生理学的基础》)

④ "子宫里的生活和最初的童年生活之间有很强的延续性,而不像我们认为的出生让两者产生了惊人的断裂。"(Signund Freud, *Inhibition, symptômes et angoise*, PUF, 1975)(弗洛伊德,《抑制、症状与焦虑》)

体-胎儿的交流的文章,是朱迪斯·凯斯滕伯格(Judith Kestenberg)写的《孕期回归和融入的过程》①,我1987年或1988年在美国读到的。文章解释了怀孕最初的3个月在母亲身上会产生一种回归的状态,比中间的3个月不同,跟孕期的后3个月更加不同。但在产科学杂志上,对母体-胎儿之间的交流的研究还停留在生物学的层面,很少涉及心理层面。仿佛古老的禁令在延续:你不能吃智慧树上的果子,这是形而上学认定的绝对的宗罪。

在科学教科书中,女人怀胎把女人带回到一种雌性动物的功能,而不是通过产科学,哺乳类的雌性动物被引向人的进化。在他们看来,女人没有让怀孕变得人性化,反而是怀孕让女人动物化了。在所有实事求是的产科论著中,应该要有对女人的生理描述,也应该考虑到怀孕前母性子宫就已经开始运作的无意识。性关系成了一种人伦的关系,创造出一种人类文明,确定伦理中各种微妙的区别,把人性固有的品质上升到象征层面,而动物们的性关系并不会滋生出任何文化,一旦动物的新生儿独立生活了,这种关系就消解了。

---

① Judith S. Kestenberg, «Processus de régression et de réintégration dans la grossesse», in *Les Trois Visages de la féminité*, Editions Des femmes, 2008. (朱迪斯·凯斯滕伯格,《孕期回归和融入的过程》,见《女性特质的三张面孔》)

生育是一种伦理范式（*La gestation est le paradigme de l'éthique*）：他者的诞生、语言的诞生和思想的诞生，想到他者并对他者进行思考。人们说一个女人在"等一个孩子降临"，而实际上，她并不是在等，而是在付出、在思考、在梦想，用自己的血肉去塑造另一个血肉，以一种双重编程的形式，既有父亲的基因编程，也有母亲的基因编程。一个怀孕的女人身体里一直都承载着他者，寻求和他者的共处。她在为将要来临的孩子辛勤付出。

生育吸引我的，是时间和空间，两者之间的关系，所有女人都把自己掏空，腾出位置去迎接陌生的躯体。这个空间随着它占所的位置而变大：空和满在相互转换，胎儿占的空间越多，母亲腾出的空间也越大。法语中缺少一个词去形容创造生命的这一时/空概念。但是，如果在形而上学和科学领域占统治地位的飞速发展的非物质化的势头实现了神话中的幻想：摆脱子宫？那么母子在子宫里的交流会变成怎样？今天的孩子们或许会成为由非人造子宫孕育出来的最后一代，是由血肉之躯生出来的，而不是由机器生出来的孩子。

今天，母女首例子宫移植手术在瑞典成功①，我更愿意去

---

① 法新社的快讯，2012 年 9 月 18 日《巴黎人报》（*Le Parisien*）转登（"首例母女子宫移植手术"）；2013 年 4 月，我们得知一位接受了子宫移植术的土耳其年轻女子成功受孕，但最终胎儿没有保住。

想母性和母体两者结合起来可以实现子宫间的交换,展现前所未有的广度和毋庸置疑的繁衍力。

我也思考过代孕(gestation pour autrui)的问题,这个问题我在80年代初就开始关注了,然后随着"所有人的婚姻"的讨论又回到人们的视野。在我看来,代孕获得承认是1968年以来和妇女解放①一起开展的运动最后一个历史阶段。"妇女解放运动"是一场同一种性别争取解放的运动,把女性从母亲的角色中解放出来,把她从以前给她设置的所有抑制她生育能力的角色中解放出来。

不过,当一个女人遇到了困难,孕育一个孩子就需要不止一个女人的付出。有了代孕,通过妇女之间的联盟,一个孩子降生了,如果没有这种团结友爱,孩子就不可能降生。这让男人和女人都获益。这里提供的是一个基因库,全人类的历史,身体的考古学;这是子宫间生命层面的杂交,是个体前历史的混杂,在我看来充满生机和活力。代孕体现的不过是**肉体的慷慨**(hospitalité charnelle)。它把生育的本质表露得更加明显:赠予的范式和伦理的起源。

---

① 这是我在一次和马塞尔·格歇(Marcel Gauchet)的访谈中论述的观点,这篇题为"代孕的利弊"(Les enjeux de la gestation pour autrui)的访谈发表在2009年11—12月第157期的《争鸣》杂志上。

随之而来的是同性父母（homoparentalité）的问题。男人、女人，不管他们的性取向如何，都想结婚，都想要孩子；异性恋可以结婚生子，而同性恋者不可以结婚生子。我认为法律应该让人类所有正当的欲望有实现的可能性，目前这种权利只有异性恋伴侣可以拥有。所以我支持所有人的婚姻和同性父母。这是只有同一种性别而不是两性共同参与的"妇女解放运动"从创立以来第一次从政治层面提出了同性恋问题，伴随着革命行动同性恋阵线①（F. H. A. R.）的成立。

有些人想把医疗辅助生殖②（P. M. A.）的权利赋予女同性恋伴侣，但拒绝把代孕的权利赋予男同性恋伴侣。不是性别差异产生了不平等，这次赋予了女性一个特权，我认为法律应该从性别差异出发去平衡两性平等。民主的法律应该消灭特权：拒绝男同性恋伴侣做父母就是剥夺了男人去了解子宫的丰富蕴含。

40 年来，我都希望把生育的经验变成一场人类学革命（révolution anthropologique）。应该用女性的经验去思考，这

---

① 革命行动同性恋阵线（Front Homosexuel d'Action Révolutionnaire），是 1971 年成立的一个团体。

② Procréation Médicalement Assistée 的缩写，也称人工受孕技术。——译注

将是伦理学的转向。这是人类成熟度的体现。

　　说到底，我是在为一个向女性致敬的运动振臂呐喊，自从人类之初，女性就通过孕育来赋予生命。我认为这种致谢的冲动一定会赋予人类一个伦理学的维度，不再把陌生人当做敌人，而是客人。对这一生命的无私馈赠心怀感激将彻底改变人类契约。

　　每一个经验都仿佛人类生命的起源。

　　每一次孕育都仿佛再造人类。

法国当代女权主义
精神领袖安托瓦内特·福克

何宇红

从来就不存在所谓的第一性或第二性,至始至终
都只有"同时存在的两性",那就是男性和女性。

一

与法国当代最活跃也最权威的女权主义组织"女性民主
主义联盟"(A. F. D/Alliance des Femmes pour la Démocratie)
结识有十余个年头了。2006 年 3 月,她们参加巴黎的国际图
书沙龙,有一个不小的展位,被我偶然撞见;一开始吸引我的
是展位上的一桢靓照,照片上是法国女演员芬妮·阿尔丹
(Fanny Ardant)。她的美无法用几个字或一句话去概括,我
可以肯定,沙龙里每一个从照片前走过的人都会忍不住多看

几眼，或如我般驻足凝视，直到前往探究。美丽、知性、温婉、坚强、担当、独立……这些芬妮们，她们是怎样的一群女性？我于是在沙龙里惊喜地看到了她们的书或描述她们的书。我不仅发现了自己已经知道的和我还不知道的那些法国著名女性极其丰富的方方面面，还结识了给予和鼓励这种女性精神发扬并传承下去的思想源泉。她就是 2014 年初去世的女性民主联盟领袖安托瓦内特·福克。

当时的安托瓦内特·福克尽管已经坐轮椅了(后来我才知道那是她帕金森综合症的初期)，但她依然精神矍铄，不停有人前去跟她打招呼、说话。有人将我引荐给她，她很高兴地听了我的自我介绍，并当即盛情邀请我参加她们即将到来的女性主义民主联盟成立 38 周年的庆典活动。她说，我们非常希望听到来自中国的声音。我当即感到些许惊讶，她们竟然没有中国籍成员。当然我知道，这并不意味着中国没有女性问题。中国人口占有全世界的四分之一，不难想见中国女性人口之巨。

二

在大会召开前，我跟安托瓦内特在她的机构里交谈过一次，她给我看了她在中国的照片、讲述她曾经两次访问中国的经历。一次是 70 年代,一次是 90 年代。众所周知,60、70 年代是中国"妇女能顶半边天"的时代,也是世界文化思潮特别活跃和充满变革的时期,法国 68 年"五月风暴"学潮及各项社会改革在即,左翼文化阵营一律向东看。而 90 年代中国已处于经济改革开放初期,安托瓦内特 1995 年再次造访中国,因为那一年的世界妇女大会在北京召开。她说,无论哪一回,她都能感受到中国人很友好,她们受到了很高级别的接待。但是她们永远不知道中国人的想法、在女性问题上的观点以及中国女性的实际状况。我说,您说的这些我都可以想象也非常理解,但我没法详细地回答您。我能告诉您的是,中国人不是没想法,也不是没"状况",他们不让您知道是因为他们不想或不敢让您知道。同时,我用半开玩笑的口吻说,反过来他们对您的想法、您所做的事情也不一定感兴趣。在这些方面他们一般不听别人的,只听自己的。当时一旁她的伴侣、秘书和助手等一帮人听着都乐了,无可奈何地摇摇头。不过我最后补充说,我会听,会仔细研究你们的思想和你们所做的一切;并且我相信,像我这样的人也一定会越来越多。慢慢来,中国还需要时间。

女性主义民主联盟成立 38 周年庆典大会让我至今记忆犹新。法国几乎所有最知名的女性问题研究专家、社会学家、哲学家、心理学家、人类学家以及在各行业成绩卓越的女性,女作家、诗人和艺术家们都纷纷到场祝贺、发表观点。还有来自世界各地的诸多女性组织及个人，大家聚集在一起从学术和实践上交流和探讨关于女性的各种问题。会议设在巴黎左岸的索邦大学，这座汇聚了法国文化学术精髓的最高学府历来为法国和世界的各门学科提供了最好和最专业的研究保障，因为它首先是基于对人文的尊重。但是如果您认为这只是象牙塔里的一帮学究在一起啃书磨牙，或一帮社会名流在一起故作姿态、沽名钓誉，那您就大错特错了。大会的大门向社会各阶层敞开(除了出于安全和管理考虑，必需提前登记预约)，索邦大学典型的新古典主义建筑风格的两层圆形会议大厅座无虚席，过道里、台阶上都站满了人。到场的有各种年龄、各行各业的人(当然还是女性居多)，当时印象深刻的是参加者中甚至有从事性服务行业的妓女，而且她们毫不怯弱地参与辩论和提出问题。

三

在今天看来，追溯和梳理世界女权主义历史是一个非常复杂和漫长的过程。纵观中国可以查询的有限的女性主义文本资料，也基本来自于英美，法国方面可查阅的资料则只到西蒙娜·德·波伏瓦、朱丽娅·克里斯蒂娃为止，其他新近的信息基本为零。其实,70 年代初法国女权主义组织开始出现派系分支之间的龃龉和争执,为论点、为权力,甚至为利益。波伏瓦此时或是被利用、或是自愿地周旋于若干比较激进的组织之间,人们似乎已经忘记了女权运动的初衷,成天将精力消耗在孰是孰非的口水战上,其显而易见的纠纷基本集中在"女权主义代言人"的身份认可上。这种差不多以诋毁和恶毒攻击来压制和征服对方的手段所展开的竞争游戏又跟当初他们所抗争的"父权制"有什么区别呢?使法国女权运动呈现相对矛盾和尴尬状况的,还有波伏瓦曾经炙手可热的《第二性》。她的名言"女人不是天生的,而是后天形成的"从心理学角度看可能有一定的研究价值,但是因为缺少系统的科学依据,最终经不起推敲,而基本上已被社会学及其他相关学科的研究者所放弃。

相比较波伏瓦早年的成就,她在晚年确实建树甚微,不时遭到各种质疑和责难。但这并不妨碍她在女权主义运动史上的地位,尽管她并没有提出或实施过多少切实可行的改善女性地位和生存状况的具体方案和措施。70 年代中期及后期直至今天,真正坚守女权运动,将其深入到现代社会各领域各阶层的,是以西蒙娜·薇依、安托瓦内特·福克等人为主的一批女性活动家和知识分子,其他人其实早已不在其位或只在其位不谋其职了。1979 年 1 月 17 日颁布的"薇依法案"允许流产,在女权运动史上写下了重要篇章,为争取女性权益开辟了新纪元。稍后,福克与希尔维娜·布瓦索纳(Sylvina Boissonnas)、玛丽-克洛德·格伦巴赫(Marie-Claude Grumbach)在 1979 年注册的 A. F. D 即后来的"安托瓦内特·福克-女性主义民主联盟"(Des Femmes-Antoinette Foque),它是法国"妇女解放运动"M. L. F 的一个分支,也是 A. F. D 的雏形。

这里有必要提一下的是 M. L. F,它生发于 60 年代的美国,继而成为女权运动的国际化统称。法国的 M. L. F 由若干(女性)民主改革运动组织组成,她们吸收了本土以往女权斗争的理论思想,美国的妇女自由运动(*Women's Liberation Movement*),法国"五月风暴"、法国争取避孕权和堕胎权的运动,反对暴力和性别歧视运动以及关于争取在权利、性别、道德、司法、经济等领域的平等而进行斗争的各种协会组织。M. L. F 早期以追随米歇尔·赞卡里尼-弗尔内尔(Michelle Zancarini-Fournel)、莫妮卡·威蒂格、西蒙娜·德·波伏瓦、安托瓦内特·福克等巴黎女性知识分子为主导的法国女权运动精神和思想路线;后期被分为几大派系,包括自由派、激进派和改革派等。由于激进派和改革派的观点和理论与时代一时半会儿还无法融合,尽管得到部分人群的拥护,但毕竟"蓝图欠缺,口号微弱",因不具备说服力而只落得"昙花一现"的结局。福克等人认为,女性运动的首要前提是女性能够真正发出自己的心声并让世人听到,于是 1973 年便有了创办女性出版社的构想。这个位于巴黎文化胜地"左岸"圣日耳曼德普雷街区的出版社经过整整两年的商讨和准备工作才得以正式挂牌。这是法国甚至欧洲有史以来第一家女性出版社,福克曾经在她的笔记中写道:"从运动的一开始我就有这个想法,看似激扬实质压抑的斗争和反抗给我们带来了消极情绪和五味俱全的感受和经历;我所要做的是给她们一个场所,记录下她们积极的运动轨迹,她们迸发出来的具有创造力的心声,展现她们在人类文明的进程中丰富而重要的智慧,告诉人们她们不只是家庭的看护者,不应该被关闭在一个狭隘的世界里。我要用编辑出版的方式让我们的运动真正地向每一个人开放! 在欧洲竟没有一种属于我们女性的公开出版物;是的,这件事是我们自己给自己开辟的一条真正而持久的道路。"

四

安托瓦内特·福克作为精神分析学家、哲学家、散文家及政治活动家,一生著作无数,她同时也是女性运动中亲力亲为的实践者。60 年代初从马赛来到巴黎师从罗兰·巴特,并因此遇到了影响她事业生涯的挚友莫尼卡·薇提格。

在这之前她曾经结过婚，并育有一女。作为知识女性，福克从自身的生育体验、家庭生活中发现了常人所无法看到的巨大而深刻的性别问题，并终生从精神分析学、生物学等科学角度细致入微地剖析女性在两性中的角色，以确凿的科学考据来证实和重新定义传统意义上的"女性"。她所著作的《两性——女性学论集》是她一生研究的思想精髓，从精神深处鼓励女性正视自我、解放自己、丢弃畏惧来争取自己的权利。她首先要反对和打破的是已有的男根崇拜(菲勒斯中心主义)，相应地，她在学术上提出了同样也存在"女性力比多"，即女性性兴奋区域和性腺，她把它叫做"子宫力比多"。她试图在弗洛伊德和雅克·拉康点到为止的"性腺"研究上起步，着手提出一种新的理论和方法论。在精神分析和政治考量上，她全面研究"厌女症"，得出女性生育的欲望是一种最原始也最根本的创造力，她把它叫做"子宫的欲望"。这种创造力无疑是完全可以与男性创造力对等和媲美的；她在临床研究中发现，这种"女性力比多"甚至是产生于生命来临之前而不是之后的，具体的阐释再也不是传统习惯上所谓的"千万个精子通过力争到达卵子，而是卵子选择和吸附精子中的一个(或若干)。"当然，论证结果并非要说明女性强大或优越于男性，福克只是在陈述一个事实，女性不应受到鄙视也不必看低自己。

争论和争取永远是激烈和艰难的。根据另一位女心理学家马丁·梅奈的描述，拉康一开始还比较赞同 M. L. F 运动，但最终还是拒绝了福克对于女性里比多特质的观念。福克则坚持反对女人是上帝在制造男人时被疏忽而未完成的次品；而传说中"女人是男人的一根肋骨变成的"更是典型的"厌女症"的源泉，是所有"对女性施加暴力和惩罚"的最初心理起源。这已不是传说，而是一种恶意的人为臆造。因为它产生了负面的暗示和引导。福克大量的心理及精神分析类研究根据诸多的临床科学考证，开辟了女性研究的新领域，被学术界称为"女性学"。包括拉康的学生、法国著名的女历史学家和心理学家伊丽莎白·卢迪内斯库(Elisabeth Roudinesco)最后在她的著作《百年之战：1925—1985》(*La Bataille de cent ans* : 1925－1985)也写道："福克是 M. L. F 所留下的唯一能代表其原旨、不带有任何盖棺定论的有色标签去叩问弗洛伊德之学说的人，她从科学的角度拒绝苟同绝大多数波伏瓦们所持有的女性观点……对于福克们来说，她们不是因为什么而变成了女人，她们本来就是女人！而且更有甚者，她们重新挖掘和找到了人类最初的、一直在延续的生命起源——女性根殖——人类的生殖原景图。"安托瓦内特·福克始终坚持并去验证的是她的"女性，是鲜活的现存的产生人类的起源"的理论。

五

得益于法国新浪潮著名女导演和制片人、世界著名投资家族继承人希尔维娜·布瓦索纳的资助而成立的女性出版社,一开始就提供了两个选择:政治和文学。在资助和弘扬女性文学的同时,更主要的是推动女性运动。70年代末,女性出版社在里昂和马赛都分别开设了分社和书店。1980年她们出版了法国第一套女性之声读物——《口述图书馆》,开办各种女性杂志和报刊,成立了各种与女性社会科学研究机构和组织:"女性学"学院、女性主义民主联盟(A. F. D.)、厌女症观察所、均等2000(Parité 2000)、女性议题空间,以及女性画廊等等。福克本人作为社会政治与科学博士后,1994年以来还是巴黎八大专题研究院的负责人,同时也被吸收为法国男女平等研究院OPFH(1995年由法国总统希拉克倡导建立的)的成员。1994年福克参加欧洲联盟选举,当选为1994年至1999年左翼联盟的发言人,作为法国驻欧盟外交使节,她曾任欧盟公共自由和女性权利机构副主席。

安托瓦内特·福克生前获得过国家颁发的最高嘉奖——荣誉军团司令官勋章、国家级杰出贡献奖、文学和艺术司令官勋章。她的代表作《两性——女性学论集》被作为世界女性研究的经典书籍在 1995 年首次出版,2004 年再版,2013 年全面登陆西方女性网站供大家阅读和研究。她表示:"这本书从各个方面推翻了古往今来对于女性创造力的责难,但它只不过是昭显了一个事实存在的真相。"

女权主义自若干世纪前出现以来一直受到来自各方的责难,外部的来自于社会、宗教、伦理甚至国家;内部的包括女性自身的思想禁锢和意识偏颇。怎样从根本上杜绝女性歧视、解决女性问题,这是一个艰巨而漫长的课题。正像福克在一些学术会议上所说的:"理想的境地是人们不再需要聚集在这里。"可惜这个理想似乎还很遥远,正如"争取民主之路"一样,严峻而艰巨。近半个世纪以来,福克们以自己能够给予的方式帮助了来自阿富汗、俄罗斯、南美洲、阿尔及利亚、印度、巴基斯坦、越南、日本的女性被迫害者们……其中既包括上世纪 70 年代末西班牙著名反独裁女政治家爱娃·弗雷斯特(女性出版社出版了她的《狱中笺书》并因此得到广泛声援,解救了她及她的同伴们),也包括本世纪以来因发生在伊朗、突尼斯、摩洛哥、阿尔及利亚、埃及等地因日趋严重的女性压迫和歧视而引起的抗争运动的女斗士们。在法国本土,则持续关注和监督有关政府女性权益法律条文的修改。就在 2016 年刚出台一条法律新条款,将之前对卖淫方进行处罚的条款改为对卖淫交易中的买方也将追究刑事责任,法国成为欧洲实施这一条款的第二个国家。法国女性民主联盟的专家们认为,哪怕它只是一个小条款,仍是人类文明进步的标志! 由此可见,即便是在被公认的发达文明国家,仍然根深蒂固地残存着和隐藏着诸多对女性的厌恶、偏见和歧视;而且此类问题容易被忽略,但有时候却比选举权、堕胎权等可能来得更麻烦、更棘手。

“思之孕育,孕育之思”,这是福克在她的论文《人生而有两性》中写下的第一个小标题,带有绝对的女性特质。她说:是的,我是女性,我们是女性,我们生来就是女性。女性不是后天生成的,是自然生来的,正如男性一样。男性有男性特征,女性有女性特征。感谢“造物主”,“人生而有两性”。不要再去寻找或捏造这样或那样的零碎无序的资料作为借口来偷梁换柱,那不是在反霸道和强权,而是在用另一种方式强调他们的存在,助长他们的气焰。

六

四年前福克去世的消息一传出,便在法国各大社交网络引起了极大反响;当时的法国政府发言人兼女性维权部部长娜迦·瓦洛-贝尔卡桑(Najat Vallaud-Belkacem)表示“这是一个巨大的损失,她作为知识分子和社会活动家在女性运动史上将留下深刻而重要的印记,她为法国一代人的自由解放所作出的贡献是无可估量的,她的精神和思想将继续鼓励和影响那些致力于争取男女平等的人们。"

十几年前我就被福克及她的同事们所做的种种事情和努力深深触动和感动。那时候我就萌发了做一档专题电视纪录片的想法,但后来由于种种原因而搁浅;而福克本人生前也努力尝试与中国文化界或女性组织进行深入交流和探讨,但直到她去世都未能如愿。我知道她的继承者们并没有放弃,我坚信,她们与福克思想一脉相承的关注世界、关注中国的信念一定会让她在天堂得到安慰。四年前她们向我表达了将福克的代表性思想著作《两性——女性学论集》推介到中国去的意向。正好,在这之后不久我碰到了来巴黎开会的国内著名法语文学翻译家黄荭女士,她听说后立刻觉得这是一个很好的提议,并很快联系了华东师范大学出版社六点分社,协商了翻译和出版方案。大家一下子都觉得特别兴奋,得到了前所未有的鼓励,决定齐心合力促成这件事。出版事宜得到多方人士的协助和支持,顺利达成,一切似乎早应如此,水到渠成,瓜熟蒂落。然而最难的还是翻译工作,不仅源于众所周知的法语本身的复杂性,还有福克因其理论的需要自创的诸多术语,都在无形中增加了翻译难度,再加上原著经脉曲折,资料庞杂,思考角度独特而深奥,整个理解和翻译过程耗时耗力程度超乎寻常。具有丰富翻译经验的黄莛期间多次与女性出版社耐心细致地深入交流探讨，常常"一名之立，旬月踟蹰"，整整一年零三个月，最终于今年八月完稿；有幸首读，甚为惊叹和感慨。整本书的编辑、整理和译文清晰流畅，鲜有司空见惯的理论性译著的枯燥和隔膜，实为可喜可贺。相信这本译著不仅填补了中国在法国当代女权思想领域的空白，也是对远在天堂的安托瓦内特·福克之灵的告慰。同时，它更是对女权运动在人类文明进步历史中跨出的至关重要的一大步；毕竟，中国女性人口占有了全世界人口总数的八分之一。

2018 年 8 月 15 日，巴黎

作者其他重要作品

Gravidanza. Féminologie II, *des femmes*-Antoinette Fouque, 2007 (préface d'Alain Touraine).

Génésique. Féminologie III, *des femmes*-Antoinette Fouque, 2012.

Women in movements. Yesterday, *today*, *tomorrow and other writings*, *des femmes*-Antoinette Fouque, 1992.

Le Bon Plaisir, France Culture, *des femmes*, 1990.

Génération MLF 1968 – 2008 (ouvrage collectif qu'elle a animé), *des femmes*-Antoinette Fouque, 2008.

Qui êtes-vous? Antoinette Fouque. Entretiens avec Christophe Bourseiller, Bourin éditeur, 2009.

Le Dictionnaire universel des créatrices, codirection avec

Béatrice Didier et Mireille Calle-Gruber, *des femmes*-Antoi-
nette Fouque, 2013

A *voix nue*, France Culture, *des femmes*-Antoinette
Fouque, 2014.

图书在版编目(CIP)数据

两性：女性学论集/（法）安托瓦内特·福克著；黄荭译.
--上海：华东师范大学出版社，2019

ISBN 978-7-5675-8825-7

Ⅰ.①两… Ⅱ.①安… ②黄… Ⅲ.①妇女学—文集
Ⅳ.①C913.68-53

中国版本图书馆 CIP 数据核字(2019)第 022277 号

IL Y A DEUX SEXES
Essais de féminologie
Édition revue et augmentée
by Antoinette FOUQUE
Copyright © Éditions GALLIMARD, 1995, 2004 et 2015 pour la présente editon.
Published by arrangement with Éditions GALLIMARD
Simplified Chinese Translation Copyright © 2019 by East China Normal University Press Ltd.
ALL RIGHTS RESERVED.
上海市版局版权著作权合同登记 图字：09-2017-581 号

两性：女性学论集

著　　者　（法）安托瓦内特·福克
译　　者　黄　荭
责任编辑　王莹兮
封面设计　夏艺堂

出版发行　华东师范大学出版社
社　　址　上海市中山北路 3663 号　邮编　200062
网　　址　www.ecnupress.com.cn
电　　话　021-60821666　行政传真　021-62572105
客服电话　021-62865537
门市(邮购)电话　021-62869887
地　　址　上海市中山北路 3663 号华东师范大学校内先锋路口
网　　店　http://hdsdcbs.tmall.com
印 刷 者　上海盛隆印务有限公司
开　　本　787×1092　1/32
印　　张　9.25
字　　数　150 千字
版　　次　2019 年 3 月第 1 版
印　　次　2019 年 3 月第 1 次
书　　号　ISBN 978-7-5675-8825-7/B·1169
定　　价　68.00 元

出 版 人　王　焰

(如发现本版图书有印订质量问题，请寄回本社客服中心调换或电话 021-62865537 联系)